国际关系学院日语语言文学国家级一流本科专业建设系列规划教材

日本学
学术写作与研究方法

孙 敏◎编著

知识产权出版社
全国百佳图书出版单位
—北 京—

图书在版编目（CIP）数据

日本学学术写作与研究方法 / 孙敏编著 .— 北京：知识产权出版社，2025. 4. — ISBN 978-7-5130-9732-1

Ⅰ. H365

中国国家版本馆 CIP 数据核字第 20251MN176 号

内容提要

本书呼应新时代对日语学科建设的要求，将课程思政、学术话语权建构、新文科建设、区域国别研究等时代要素融入课程，详细阐释日本学研究的研究领域、问题意识、研究方法、学术规范、实践环节。本书致力于在精磨学术训练的同时讲好中国学术故事，为中国学术培养青年人才。

责任编辑：王海霞　　**责任校对**：王　岩

封面设计：邵建文　马倬麟　　**责任印制**：孙婷婷

日本学学术写作与研究方法

孙　敏　编著

出版发行：	知识产权出版社有限责任公司	**网　　址**：	http://www.ipph.cn
社　　址：	北京市海淀区气象路 50 号院	**邮　　编**：	100081
责编电话：	010-82000860 转 8790	**责编邮箱**：	93760636@qq.com
发行电话：	010-82000860 转 8101/8102	**发行传真**：	010-82000893/82005070/82000270
印　　刷：	北京九州迅驰传媒文化有限公司	**经　　销**：	新华书店、各大网上书店及相关专业书店
开　　本：	720mm × 1000mm　1/16	**印　　张**：	16
版　　次：	2025 年 4 月第 1 版	**印　　次**：	2025 年 4 月第 1 次印刷
字　　数：	208 千字	**定　　价**：	86.00 元

ISBN 978-7-5130-9732-1

国际关系学院日语语言文学国家级一流本科专业建设系列规划教材。

2022年北京高等教育“本科教学改革创新项目”重点项目“一流本科建设视域下日语专业内涵式发展改革与实践”（京教函〔2022〕395号）的系列成果之一。

2025年国际关系学院“中央高校基本科研业务费”国关文库出版资助项目（3262025T11）资助出版。

本书基于国际关系学院“学术写作与研究方法”课程建设编写。本课程获评北京市课程思政示范课程、北京高校优质本科课程。

前言

“学术写作与研究方法”课程是基于日语语言文学专业国家标准设立的一门专业课程，以日语专业本科四年级学生为授课对象，结合日本国别研究，讲授学术规范。此课程坚持讲好中国学术故事，培养学生的学术自信、文化自信；重视品德教育，培养学生勤奋、钻研、坚毅的学术品格；培养学生跨学科的大视野、批判性思维和创新性思维。

课程内容主要包括五个模块，分别是研究领域、问题意识、研究方法、学术规范、实践环节。研究领域模块，介绍日语语言学、日本文学、区域国别研究、中日翻译四个领域的内容；问题意识模块，通过文献综述和常用数据库、选题、核心概念等培养学生的问题意识；研究方法模块，介绍传统研究方法和前沿研究方法；学术规范模块，介绍前言、正文、结论、参考文献等的撰写规范；实践环节模块，由学生扮演评委，对案例进行评析打分，在实践中培养学生的学术能力。

本书的特色教学理念为三维立体“教＋学”。在时间维度上，既继承传统，又追踪前沿；在高度上，站位区域国别研究，坚持将基础学术研究与家国情怀、大国战略相结合；在广度上，坚持跨学科、大视野理念，以语言、文学、翻译为基础，向社会学、历史学、人类学等周边学科拓展。

一、课程目标

1. 知识传授。使学生掌握日本学的研究领域、研究方法、学术规范，掌握学术论文写作的基本框架，能够写出符合学术规范的学术论文。

2. 能力培养。（1）培养学生适当选题、规范书写文献综述、选择合适的研究方法等学术写作能力；（2）培养学生的逻辑思维、批判思维和创新思维；（3）拓展学生的学术视野，使其了解新文科、大视野、跨学科的研究方法，培养学生的发散性思维和探索精神。

3. 价值引领。（1）讲好中国学术故事，培养学生的中国学术自信、文化自信，构建中国新时代的“日本学”；（2）培养学生勤奋、钻研、坚毅的品格；（3）培养学生的学术道德。

二、教学方法

1. 案例教学。既有学术巨擘的经典论文，也有学生身边的案例，如大学生学术支持计划、学生开题报告、本科毕业论文等。

2. 研讨法。以学生为主体、教师为引导，在理论方法演练、论文讲评等环节中分组研讨，加大学术实践比重，在实战中积累写作经验。

3. 情境模拟。在实践环节，模拟开题报告会、论文答辩会，使学生身临其境，熟悉项目答辩，增加实战经验。

三、课程内容与教学安排

本课程的学时安排为 16 周，共 32 学时。

周次	课时序列	模块	教学内容	章节重点及学习目标
1	1 ～ 2	模块一 研究领域	1. 选题一：日语语言学 2. 选题二：日本文学	日语语言学和日本文学的研究领域、常见课题、前沿课题
2	3 ～ 4		3. 选题三：区域国别研究 4. 选题四：中日翻译	区域国别研究和中日翻译的研究领域、常见课题、前沿课题

续表

<table>
<tr><th>周次</th><th>课时序列</th><th colspan="2">模块</th><th>教学内容</th><th>章节重点及学习目标</th></tr>
<tr><td>3</td><td>5～6</td><td colspan="2" rowspan="2">模块二
问题意识</td><td>5. 文献综述和常用数据库
6. 选题</td><td>掌握选题方法、文献综述的写法，了解常用数据库</td></tr>
<tr><td>4</td><td>7～8</td><td>7. 创新点和题目
8. 核心概念和研究设计</td><td>了解创新的角度，掌握概念的界定方法、研究框架的搭建方法</td></tr>
<tr><td>5</td><td>9～10</td><td rowspan="5">模块三
研究方法</td><td rowspan="3">传统研究方法</td><td>9. 文本分析法
10. 文献法</td><td>掌握文本分析法、文献法</td></tr>
<tr><td>6</td><td>11～12</td><td>11. 观察法
12. 访谈法</td><td>掌握观察法、访谈法</td></tr>
<tr><td rowspan="2">7</td><td rowspan="2">13～14</td><td>13. 问卷法</td><td>掌握问卷法</td></tr>
<tr><td rowspan="2">前沿研究方法</td><td>14. 图像分析法</td><td>掌握图像分析法</td></tr>
<tr><td>8</td><td>15～16</td><td>15. 口述史法
16. 四重证据法</td><td>掌握口述史法、四重证据法</td></tr>
<tr><td>9</td><td>17～18</td><td colspan="2" rowspan="4">模块四
学术规范</td><td>17. 前言
18. 正文</td><td>掌握前言的写法、正文的内容和格式</td></tr>
<tr><td>10</td><td>19～20</td><td>19. 结论
20. 摘要与关键词</td><td>掌握结论的写法、摘要和关键词的提取方法</td></tr>
<tr><td>11</td><td>21～22</td><td>21. 参考文献
22. 附录</td><td>了解参考文献的格式、附录的内容</td></tr>
<tr><td>12</td><td>23～24</td><td>23. 致谢
24. 学术道德</td><td>了解致谢的内容、学术不端行为的范围</td></tr>
<tr><td>13</td><td>25～26</td><td colspan="2">模块五
实践环节</td><td>25. 开题报告点评会：语言方向和文学方向
26. 开题报告点评会：区域国别方向和翻译方向</td><td>开题报告点评会</td></tr>
</table>

续表

周次	课时序列	模块	教学内容	章节重点及学习目标
14	27 ～ 28	模块五 实践环节	27. 毕业论文点评会：语言方向和文学方向 28. 毕业论文点评会：区域国别方向和翻译方向	毕业论文点评会
15	29 ～ 30		29. 模拟开题报告会：语言方向 30. 模拟开题报告会：文学方向	模拟开题报告会
16	31 ～ 32		31. 模拟开题报告会：区域国别方向 32. 模拟开题报告会：翻译方向	模拟开题报告会

四、课程特色

1. 以新文科为建设方向，兼顾跨学科内容，培养学生的学术大视野。

2. 专设“问题意识”“研究方法”模块，突出对学生逻辑思维能力的训练，培养学生的批判性思维、创新性思维。同时引入前沿领域的内容，引领学生直接进入前沿领域。当代的青年学子完全有能力在最前沿的领域进行创新研究。

3. 丰富的案例教学，在案例分析中体会学术写作的要点。

4. 专设实践模块。在教学活动中，设置论文点评会、模拟开题报告、模拟答辩等活动，加大实践力度，让学生化身为评委，换位体验，体会学术写作的重点和难点，在实践中提高逻辑能力和写作能力。

五、使用说明

1. 本课程根据文学类专业的培养目标与特点，规定了学生必须掌握的基础知识、基本理论和基本技能。

2. 根据教学改革的要求，对于教学内容、次序和学时分配等，可视具体需要做适当的调整。

目录

模块一　研究领域

一项学术研究，首先要明确其研究领域。这便于明确自己课题的对话对象，清晰认识自己课题的目的和学术价值。

日语专业的研究领域按照传统包括四个方向：日语语言学、日本文学、日本文化、中日翻译。其中日本语言学、日本文学、中日翻译的研究领域和研究边界相对清晰，进行相关研究需要学习语言学、文学、翻译学的相关理论与方法。而文化方向一直边界模糊，一般认为，与日语、日本相关的研究，除了语言学、文学、翻译学方向的研究，都可以归入文化方向。长期以来，日本文化研究以历史、社会、政治研究为主，同时也包括经济、外交、宗教、民俗、地理、艺术等研究。因此，日本文化方向的研究，根据选题的不同，需要学习历史学、社会学、政治学等领域的研究理论、研究方法。

近年来，外国语言文学专业设跨学科的区域国别研究，对特定区域和国家的人文、地理、政治、经济、社会、外交等方面进行全面深入的研究。可以看出，新设的区域国别研究与传统的文化方向高度重合，名称的改变标志着日本文化研究进入全新的历史阶段。本书采用了“区域国别研究”这一名称。

同时，在新文科建设的背景下，外国语言文学学科不断与其他学科进行交叉融合发展。在研究领域、研究对象、研究方法等方面，外国语言文学学科的发展呈现出以下特征和趋势：由传统的语言、文学本体研究不断拓展至与文化研究的互相渗透；由单一语言的研究发展至多语言的对比研究；由描写性研究转向解释性、实证性研究；由理论研究拓展至对现实、实践的研究；大数据、数据库、人工智能等科技手段和方法也被广泛应用于外国语言文学学科各个领域的研究之中。总之，研究视角不断拓展，跨学科性和交叉性日益突出。

在了解了日语语言文学的各个研究领域之后，学生就可以根据兴趣选择自己的研究课题，同时也要结合导师的研究方向。导师的确定一般采取双向选择制，既然是双向选择，一定有人会被“调剂”。如果学生的研究兴趣和导师的研究方向一致，当然会有一个自己喜欢的课题，同时能够得到导师的深度指导；如果学生的研究兴趣和导师的研究方向不一致，则会有以下两种情况：

第一种情况是在导师的许可下，学生研究自己喜欢的课题。但由于此课题方向与导师的研究方向不一致，导致导师只能在大的框架下把握论文的进展方向，但往往不能准确把握论文细节，因此要求学生更加刻苦钻研，以确保论文质量。

第二种情况是学生舍弃自己的兴趣，跟随导师的研究方向进行选题，并在研究过程中逐步培养兴趣。这样，学生就能得到导师的深度指导。

对于本科生来说，研究方向固然重要，但更重要的是掌握规范的学术研究方法和培养严谨的学术研究态度。因此，建议确定导师之后，尽量跟随导师的研究方向进行选题，在导师的指导下进行具体而深入的研究。

第 1 节　选题一：日语语言学

【教学目标】

了解日语语言学研究领域的常见选题和前沿领域。

【教学内容】

1. 日语语言学研究领域概述。

2. 日语语言学的前沿领域。

【重点与难点】

关注并开拓日语语言学的前沿领域。

【教学方法和策略】

1. 讲授与案例分析相结合：展示日语语言学的选题案例。

2. 小组讨论：关注前沿领域。

【具体内容】

日语语言学的研究领域十分广泛，不仅包含语音、语义、词汇、语法等本体研究，还包含语用学、认知语言学等交叉领域的语言学研究。①

一、日语语言学的本体研究领域

日语语言学的本体研究领域包括日语语音、语义、词汇、语法、语篇、语体、文字等方面。

---

① 本书“日语语言学”部分的分类框架和概况介绍参考了：小野寺健，王健宜，邱鸣，等. 日语专业毕业论文写作指导［M］. 北京：外语教学与研究出版社，2012：57–65。对日语语言学感兴趣的读者，可以查询该书相关章节学习更详尽的内容。本书的论文案例尽量选择了近年相关研究领域的代表性论文，论文简介在论文作者所撰摘要的基础上，从研究领域、研究视角、研究方法、研究结论等角度进行了提炼。

（一）日语语音研究

日语语音研究主要包括对语音、音节、音拍、韵律、音变等的研究。传统语音研究主要依赖人耳听识，目前多采用语音分析设备进行研究。

【例】《日语音段的可视化教学研究：基于中介语理论与实验语音学方法》①

分析：此论文在中介语理论指导下，运用核磁共振（MRI）调音动画摄影、声学分析等实验语音学的方法，分析了清化元音、清浊塞音等语音的可视化教学方案。

（二）日语语义研究

日语语义研究主要研究语言意义的构成、组合、变化，是词汇学的分支。语义研究认为，语音、文字是载体，附着于其上的语义才是最有效、最实在的内容。语义研究包含语言符号和语义、语义分类、语义聚合和语义组合、语义变化等方向的研究。

【例】《文化交流互鉴下的语言嬗变：以日语“自然”一词的语义演化为例》②

分析：此论文考察了日语“自然”一词的产生及其语义发展变化的过程，论证了文化交流互鉴对语言的影响。

（三）日语词汇研究

日语词汇学研究主要以日语词汇为研究对象，探讨日语词汇的性质特征，包含词类、词汇系统、词的构成、词的语感等方向

① 刘佳琦．日语音段的可视化教学研究：基于中介语理论与实验语音学方法[J]. 日语学习与研究，2018（4）：77–84.

② 程静．文化交流互鉴下的语言嬗变：以日语「自然」一词的语义演化为例[J]. 汉字文化，2022（S2）：69–71.

的研究。

【例】《汉语形容词中的日语借词》[1]

分析：此论文考察了近代中国新词中形容词的数量、来源、词义、构造、语音等。研究发现，这些形容词的数量超过1000个，其中由日本创制的有136个，它们在词义上多表示“性质”，构造属于“联合式”或“偏正式”，语音上部分词不符合“调序优化”原则，显示出外来词的特殊性。

（四）日语语法研究

广义的语法研究内容包含语篇、句子、词汇、语素、语义系统等。狭义的语法研究则是以句子的结构规则为核心，研究语义与形态之间关系的规则系统。主要包括对词类、格与句子成分、态（ヴォイス）、体（アスペクト）与时（テンス）、语气（モダリティ）、复句等方面的研究。

【例】《试析日语动态存在句的使用与构成》[2]

分析：此论文从认知角度进行分析，认为凸显运动所处的空间时，会使用场所格“に”格；同时，由于凸显场所名词抑制了动作性，因而这一动态表达会被认为是存在句。

（五）日语语篇研究

语篇是由若干连续的句子组成的语义整合体。日语语篇研究主要包括语篇特点、语篇衔接、语篇信息、语篇视点等方面的研究。

---

① 周菁．汉语形容词中的日语借词［J］．日语学习与研究，2023（4）：59-71.

② 范宽．试析日语动态存在句的使用与构成［J］．解放军外国语学院学报，2020，43（2）：77-84.

【例】《日语篇章法的形成与发展》[1]

分析：此论文以篇章法的语言观为指导分析语篇，探讨了“阅读中的后续语境预测研究”“写作中的作文书写过程研究”“会话中的填充词使用研究”“听力中的课堂笔记记录研究”等。

（六）日语语体研究

日语语体是指不同语境中语言的不同表达方式。日语语体研究包括语体与文体、口语语体与书面语体、简体与敬体等方面的研究。

【例】《从初次见面对话看日语学习者的语体选择》[2]

分析：此论文运用话语分析法，对初次见面场景中日语母语者和日语学习者的语体选择进行对比分析，发现学习者在语体选择上个体间的差异非常大，语体知识、对方说话方式、母语者的日语表达都会影响学习者的语体选择。

（七）日语文字研究

中国的汉字传入日本后不断被改造，源自中国不同朝代的正字、俗字、异体字、楷书、草书等在日本形成了多重的历史堆积，形成了日本独特的文字现象。现代日语同时使用假名、汉字、罗马字进行表记。日语文字研究主要包含假名、汉字、罗马字、文字书写系统等方面的研究。

【例】《解析日语片假名的“缘起”及其文化功能》[3]

分析：此论文通过考察汉传佛教写经体的发展历程，分析了

---

① 石黑圭，周彤 . 日语篇章法的形成与发展［J］. 日语学习与研究，2023（3）：1–16.

② 田鸿儒 . 从初次见面对话看日语学习者的语体选择［J］. 日语学习与研究，2023（2）：82–91.

③ 牛立保 . 解析日语片假名的“缘起”及其文化功能［J］. 佳木斯职业学院学报，2022，38（1）：86–88.

日语片假名的形成与演变，并阐述了近现代在欧美文化的冲击下片假名音译所发挥的兼容并蓄的文化功能。

二、交叉领域中的语言学研究

日语语言学与其他学科的交叉研究是日语语言学研究的重要组成部分。交叉研究包括语用学、社会语言学、历史语言学与方言地理学、对比语言学、认知语言学、心理语言学等方向的研究。

（一）日语语用学研究

语用即对语言的实际应用，语用学研究不同语境中对语言的理解和使用，包括对话规则、语气、社交作用等。有些词汇或句子在语境效用的制约下，会产生有别于基本意义的新意义。语用学的研究内容包括语言视角、言外之意、言语行为、话语分析等。

【例】《礼貌表达与认知模式的关联性：以汉日请求言语行为为例》[①]

分析：此论文运用认知语用学的方法，对比分析了汉语和日语请求言语行为中的惯用礼貌策略，发现汉语母语者倾向于站在事态外部，采取客观识解的方式产出礼貌表达，多使用积极礼貌策略；而日语母语者则倾向于站在事态内部，采取主观识解的方式产出礼貌表达，多使用消极礼貌策略。由此得出结论，认知思维范式会深入影响言语行为的礼貌表达、会话策略等语用学的各个层面。

（二）社会语言学研究

社会语言学研究语言与各种社会因素的互动，包括语言与性别、年龄、身份、语言政策、语言环境等。社会语言学关注语言

① 李国玲 . 礼貌表达与认知模式的关联性：以汉日请求言语行为为例［J］. 日语学习与研究，2021（1）：12–20.

与社会生活的与时俱进，如新语、表情文字、媒体语言等。

【例】《日本“平易语言”政策及应急语言特征研究》①

分析：此论文从语言政策研究的视角，考察了日本“平易日语”的发展历程、编制原则、语言特征，认为日本的“平易语言”政策体现出“语言减灾”的社会功能。

（三）历史语言学与方言地理学研究

历史语言学从时间维度研究语言的历时演变规律，包括语言的音韵、文字、语法、文体等各方面的发展变化。方言地理学是从空间维度研究一种语言在不同地区的差异。方言既是一种语言在空间上的分布，同时也是该语言在历史这一时间轴上的延展，方言中往往保留着古代语言的一些特征。具体而言，包括对方言与音韵、词汇、语法、历史等的研究。

【例】《近世唐音中的漳州音》②

分析：此论文运用音韵学的分析方法，对漳州音资料《唐通事唐话会》中汉字的片假名唐音标注与其现代闽南语读音进行比较分析，发现该资料是典型的闽南语语音资料，且在某些语音形态上表现了闽南语惠安话的语音特点。

（四）对比语言学研究

对比语言学的研究对象是两种或两种以上的语言，通过对比，描述它们之间的异同，阐明内在的逻辑原因或社会历史原因，探索语言的内在规律、体系，进而探索人类的思维共性和思维差异。对比语言学主要包括语言对比、词汇对比、语法对比、语用对比等。

---

① 姚艳玲．日本“平易语言”政策及应急语言特征研究 [J]．日语学习与研究，2021（5）：21–28.

② 张照旭．近世唐音中的漳州音 [J]．日语学习与研究，2023（2）：59–67.

【例】《中日同形词“柔软”和「柔軟」的多角度辨析及习得研究》①

分析：此论文基于汉语语料库、日语语料库、中日对译语料库，从词义、词性、句法功能、搭配关系、互译五个角度对两者的意义和用法进行了全面的辨析，并对日语学习者进行了习得调查和偏误分析，探讨了二词复杂的搭配关系。

（五）认知语言学研究

认知语言学是语言学与认知心理学相结合而形成的交叉研究领域，既可以基于认知科学的相关理论推进语言学的研究，又可以通过语言学的规律推进对人类认知能力的研究。认知语言学的研究领域包括认知语义学、认知语法学、认知语用学等。

【例】《日本主流报纸中环境风险话语的批评认知语言学分析》②

分析：此论文运用认知语言学的意象图式理论，分析《朝日新闻》福岛核污染水排放事件的相关社论语料，发现其环境风险话语中主要出现的意象图式包括路径类复合意象图式与容器类复合意象图式，进而发现语篇生产者借助意象图式划分“群内”“群外”关系，实现“我者”主张的合法化。

（六）心理语言学研究

心理语言学是语言学与心理学的交叉领域，主要研究人们学习语言和使用语言的心理过程、机制等，包括语言的生成、语言习得、第二语言习得等。

---

① 王灿娟．中日同形词“柔软”和「柔軟」的多角度辨析及习得研究［J］．长春师范大学学报，2021，40（3）：96-102.

② 孙成志，王成一．日本主流报纸中环境风险话语的批评认知语言学分析［J］．日语学习与研究，2023（5）：89-101.

【例】《日本留学生汉日同形词词汇通达的实验研究》[①]

分析：此论文以双音节汉日同形同义词、同形异义词、非日语词为研究对象，采用语音判断和语义判断方法，考察了不同汉语水平的日本留学生的词汇加工情况。研究发现，词形和学习者的汉语水平都影响到心理词典表征结构以及词汇通达模式；不同汉语水平的学习者有不同的词汇加工策略和不同的心理词典表征结构；同一汉语水平的学习者加工不同类型的词汇时也有不同的策略。

三、日语语言学的前沿研究领域

日语语言学紧跟时代发展，出现了诸多前沿研究领域。这里介绍一下政治语言学研究、语料库研究和计算机语言学研究。

（一）政治语言学研究

政治语言学是语言学与政治学的交叉领域，也是语言学切入区域国别研究的重要路径。政治与语言的关系十分密切，政治语言学主要研究政治活动的参与者如何运用语言达到自己的目的，以及听众如何通过这些语言认识政治活动的参与者。政治语言学研究并非仅仅是分析语言，更主要的是探究语言中隐含的社会功能，更强调语言所体现的社会文化因素。政治语言学研究发展形成了其特有的一些研究课题，我们可以利用语言学的相关研究成果，如语用学、话语分析等进行研究。

【例】《语言元功能视角下的日本政治演讲效果分析》[②]

分析：此论文运用系统功能语言学的元功能理论，比较分析

---

① 高立群，黎静．日本留学生汉日同形词词汇通达的实验研究 [J]. 世界汉语教学，2005（3）：96–105，116.

② 曹彦琳．语言元功能视角下的日本政治演讲效果分析 [J]. 高等日语教育，2020（2）：101–110，155.

文中两个人物的讲话，发现其在概念功能、人际功能和语篇功能上存在着差异。在概念功能方面，二者在动作的实施参与者与目标参与者的表述方面有明显差异；在人际功能方面，二者对敏感问题表述不同，引发听众产生不同的认同结果；在语篇功能方面，二者的话题聚焦程度不同。因此，两人的讲话会引发不同的反响。

（二）语料库研究

简单来说，语料库就是收集了大量日常实际使用语料的电子数据库。语料库法现在应用很多，也是非常主流和热门的方法。使用语料库的好处在于帮助我们掌握大量实际生活中经常用到的言语方式。

【例】《中国日语学习者二语写作中接续表达使用特征的语料库研究》①

分析：此论文以日本国立国语研究所作文语料库中的中国日语学习者和日语母语者的作文为考察对象，通过比较分析发现：（1）学习者总体上比母语者使用接续表达更多；（2）学习者的接续表达受习得情况的影响；（3）学习者在接续表达的文体差异、运用技能、知识衔接方面的应用能力不足。

（三）计算机语言学研究

计算机语言学也叫作“自然语言处理”，是指用计算机处理人类的语言。计算机语言学不仅涉及语言学、计算机学，还涉及数学、哲学、心理学、逻辑学等学科，是横跨文、理、工的交叉研究领域。其研究领域主要包括词处理、语句处理、语义处理和语篇处理。

---

① 范海翔 . 中国日语学习者二语写作中接续表达使用特征的语料库研究 [J]. 外语研究，2023，40（3）：47-51，73.

【例】《中日人机对话系统语言产出对比研究：以网络购物场景为例》[①]

分析：此论文以中国淘宝和日本乐天市场网络交易中的电子客服语料为研究对象，基于礼貌策略理论和话语礼貌理论，对比分析了两国电子客服语言的特征。研究发现，中日网购场景下出现频率最高的词语均为“情况说明”、“补充说明”和“咨询导引”；两国电子客服在“补充说明”“道歉语”“感谢语”“信息确认”和礼貌策略方面的使用情况存在显著差异。

在日本学研究领域，日语语言学是知识体系非常完备、研究方法非常规范的一个领域。在日语语言学领域中进行研究，既有非常明显的益处——非常容易确定选题，并选择出合适的研究方法推进研究，也有非常明显的短处——难以创新，难以为精致的语言学学术大厦添砖加瓦（这是任何一个比较完备的知识体系面临的共同课题）。可以说，在日语语言学传统的本体研究中进行选题，往往会陷入一个困境——用非常规范的学术方法，得出一个创新度低、陈旧的结论。

学科交叉为日语语言学带来了新的契机。特别是区域国别研究的兴起，为日语语言学带来了巨大的发展空间。语言学的研究何以成为区域国别研究的一支？语言学的区域国别研究区别于其他区域国别研究的优势是什么？这些都是值得语言学研究者思考的时代命题。

① 雒美敏，毋育新. 中日人机对话系统语言产出对比研究：以网络购物场景为例 [J]. 日语学习与研究，2023（5）：102–114.

第 2 节 选题二：日本文学

【教学目标】

了解日本文学研究领域的常见选题和前沿领域。

【教学内容】

1. 日本文学研究领域概述。

2. 日本文学研究的前沿领域。

【重点与难点】

了解和探索日本文学研究的前沿领域。

【教学方法和策略】

1. 讲授与案例分析相结合：展示选题方法和建议。

2. 小组讨论：关注前沿领域。

【具体内容】

日本文学研究不仅包括作品研究、作家研究等本体研究，还包括文艺民俗学、文学地理学等交叉领域的文学研究。

一、日本文学的研究领域

一般来讲，日本文学研究领域按时间主要分为古典文学、近现代文学、当代文学，也可以按照作者身份分为民间文学与作家文学，还可以按照研究对象和研究方法分为作品研究、作家研究、文学思潮研究、文学比较研究等。①

① “日本文学的研究领域”部分参考了：小野寺健，王健宜，邱鸣，等. 日语专业毕业论文写作指导［M］. 北京：外语教学与研究出版社，2012：106–110。对日本文学感兴趣的读者，可以查询该书学习更详尽的内容。

（一）作品研究

作品研究主要是对文本的主题、修辞、人物形象、结构、话语等的研究。作品研究集中对一部或几部作品进行深度分析，比较适合文学类的入门研究。不过，这类研究要真正做得深也非常不容易，需要对作者生平、时代语境、周边人物等有深入的把握。

作品研究分为作品内部研究和外部研究。内部研究专注于作品文本，从语言学、文学、结构主义的角度出发，分析文学作品的修辞、文体风格、结构技巧、主题意义、语言特色、文化意义等；外部研究侧重文本与语境的关联，在时代背景、历史语境中解读文本，从社会学、心理学、哲学、历史学、功能主义的角度出发，研究作家作品与现实、心理、文化、政治、社会环境等外部因素的关系。

1. 内部研究方面

【例】《结构主义视角下〈三四郎〉主题探析》①

分析：此论文从结构主义角度分析《三四郎》的主题，剖析作品内部感知与认知、人的本性与现实的理性、天真与世俗、传统与现代之间的相互关系。一般认为，结构主义研究是局限于“文本内部”的研究，不需要考虑语境等外部要素。

2. 外部研究方面

【例】《“爱国者”的背面：论小田岳夫〈鲁迅传〉中的鲁迅形象及其塑造逻辑》②

分析：此论文结合小田岳夫撰写《鲁迅传》的时代背景，分

① 张志坚 . 结构主义视角下《三四郎》主题探析 [J]. 新纪实，2021（32）：9-11.

② 徐利 .“爱国者”的背面：论小田岳夫《鲁迅传》中的鲁迅形象及其塑造逻辑 [J]. 日语学习与研究，2022（2）：34-42.

析了他将鲁迅塑造为“爱国者”形象的“背面”。这一研究结合时代语境，是作品的外部研究。文学作品和作家不仅是时代、区域的产物，具有时代意义、区域意义，更受到时代和区域的限制。在“时间 + 空间”的语境下对作家作品进行外部研究，是重要的文学研究方法。

作品研究需要注意以下问题：

第一，在初学阶段，应尽量避免选择紫式部、夏目漱石、川端康成等名家名篇，名家名篇的研究成果一般较多，光读完前期研究就要耗费很多时日，而且初学者一般受能力所限，较难写出与前人不同的创新点，常常导致人云亦云，写成一篇成果汇总、读书报告。

第二，文学理论是非常好用的工具，在文学理论的指导下进行研究比较容易。例如，我们用尺子可以测量出长度，用秤可以测量出质量，用显微镜可以观察到细节。不同的工具对应不同的目的，应用不同的工具会得出不同的结论，在工具的辅助下，很容易得到结论；反之，按照不同的目的，要选择合适的工具，如果想测量质量，却用尺子去测，就很难得到想要的结果。同理，做文学研究，需要学习文学理论，并根据研究目的运用合适的理论作为指导。如果没有理论指导，就经常会写成作品读后感，并不能形成学术论文。

第三，学习了文学理论后，不要拘泥于理论而束手束脚。在掌握了理论之后，要做到“手中无剑，心中有剑”，将理论融于行文逻辑中，化有形于无形，不要僵硬地套理论。当然，这需要长期的学术训练，初学者要慢慢体会。

（二）作家研究

作家研究相较于作品研究，难度有了一定的提升，作品研究的选题集中于一部或几部作品，而作家研究不仅需要综合该作家的全部作品，结合作家的生平经历等背景资料，还要从传记、书信、日记、随笔等各种文本中了解作家。

【例】《再议松本清张从纯文学向大众文学的转型》①

分析：此论文不拘泥于松本清张的某一部作品，而是从“学艺世界评传小说”到“社会派推理小说”都广泛涉及，结合时代语境，评析松本清张转型前后一以贯之的创作主张，既指出纯文学与大众文学的异质性，又在名为“松本清张”的统一体中将两者联结。从这一研究可以看出，作家研究需要一定的研究功底，在对作家的作品、人生经历、时代背景进行综合考察和分析的基础上，才能够做出合格的作家研究。

（三）文学思潮研究

思潮论也可以认为是作家群研究，要想系统地把握一个流派作家的文学理念和表现技巧，除了要了解这一流派的形成与发展，还要认真研读该流派主要作家的主要作品。这类选题需要分析的作家、作品较多，难度较大，初学者应尽量避免。

【例】《日本战后文学思潮研究》②

分析：此论文探讨了第二次世界大战后日本文学作品中反映的时代特色、文化内涵和国民情绪。既然是“思潮”，难免涉及“历时研究”，此论文关注到战后初期文学对日本军国主义直接深刻的批判，之后对日本社会政治生活中的黑暗面进行探究，以及后期迅速转换为关注自身日常生活的私小说。文学思潮研究是文学研究的高级阶段，其中涉及大量作家、作品，一般是本科生难以把握的。

---

① 程一骄．再议松本清张从纯文学向大众文学的转型［J］．日语学习与研究，2023（6）：44–51.

② 周婷婷．日本战后文学思潮研究［J］．文学教育（下），2021（3）：50–51.

（四）文学比较研究

作品研究、作家研究、思潮研究，三者是逐层递进、从初级走向高级的关系，前一类研究是后一类研究的基础。比较研究是和三者平行的，包括作品比较研究、作家比较研究、思潮比较研究。

文学比较研究大致分为两种：一种是影响研究，另一种是平行研究。影响研究是从实证主义的立场出发，运用考证的方法，基于事实，发掘二者之间的影响关系。影响研究必须基于实证，不能仅仅因为甲和乙有诸多类似之处就妄下断言是甲影响了乙，这是做影响研究时必须格外注意的地方。“平行研究”不关注影响，只要具有可比性，就可以进行比较研究，通过比较，发现二者的异同，并进一步发掘原因，从而探讨文本、作家与语境的关系。

影响研究大致可以分为两类，第一类相对简单，即“影响”是不言自明的。

【例】《中日文化语境中的杨贵妃故事叙述比较：兼论日本对中国古代文学接受的民族性》[①]

分析：此论文中杨贵妃的故事源于中国，进行中日杨贵妃故事叙事比较时，中国对日本的影响是不言自明的，因此不必专门证明，可以直接谈“影响”，谈“接受”。此论文通过中日两国相关文本的比较，分析了两国杨贵妃故事叙事在文学生成、文学本质和文学功用方面的差异，进而得出结论：日本杨贵妃故事创作实质上体现了日本对中国文学的接受，具有淡化中国文化内涵、简化中国文学叙事、重构日本文化观念和文学审美的民族特征。

---

① 曾礼军 . 中日文化语境中的杨贵妃故事叙述比较：兼论日本对中国古代文学接受的民族性 [J]. 浙江师范大学学报（社会科学版），2020，45（1）：88–97.

第二类影响研究的难度较大，即“影响”是需要证明的。

【例】《周作人的“儿童文学”观念的发生：以日本影响为中心》①

分析：此论文认为周作人的“儿童文学”观念受“日本影响”，这是需要证据的。此论文中就提供了相关证据——“儿童本位”“儿童文学”是中国儿童文学发生的两个关键词语，这两个关键词语在周作人阅读并重视的两本日文图书《应用于教育的儿童研究》《歌咏儿童的文学》中都出现过，因此可以推断是周作人直接从日语中借用过来的。此论文通过考察周作人，考察了中国儿童文学史上“儿童文学”观念的发生，同时发现，周作人除了在观念上受到日本的影响，其“儿童本位”的情感也受到日本文学的影响。

平行研究只谈平行比较，不谈先后影响。从这一角度来说，平行研究比影响研究要简单很多，适合入门研究。例如，《井原西鹤与李白文学作品中的女性爱情观比较》② 一文，只依据二者的可比性——二者都是封建时代盛世的代表性作家，都追求人性的解放，就可以进行平行比较。此论文着眼于井原西鹤描写女性个人情感的“浮世草子”和李白诗歌作品中的思妇闺怨诗，通过文本比较，探究中日文学中女性爱情观的差异。

初学者可以先从平行研究入手，逐渐过渡到影响研究。

二、日本文学的前沿领域

从 20 世纪 90 年代中期开始，以文学的文化学研究为主导，西方理论界出现了大量文化研究理论：后现代主义、后殖民理论、

① 朱自强 . 周作人的“儿童文学”观念的发生：以日本影响为中心 [J]. 兰州大学学报（社会科学版），2019，47（6）：72–78.

② 代春艳 . 井原西鹤与李白文学作品中的女性爱情观比较 [J]. 今古文创，2023（3）：48–50.

新历史主义、文化帝国主义、东方主义、女性主义、生态主义、审美文化研究等。

近年来，文学研究在多学科视阈中展开了跨学科研究，强调对文学进行人类学、历史学、地理学、政治学、经济学、伦理学、政治学、社会学、美学、心理学、生态学等跨学科、多学科、多元、多层次的研究，形成了文学地理学研究、文学伦理学研究、文学生态学研究、文学心理学研究、文学人类学研究、文学文化学研究等，这些都是文学研究界普遍关注的跨学科研究课题。[①]

这些跨学科交叉领域，与其说是“文学的越界”，不如说是文学的华丽变身、转型，关注学科间性的同时形成了多学科一体化的研究形态，文学承担起新时代的新使命。从这一意义上来说，在这些交叉领域中，我们可以看到区域国别研究的影子。

（一）文艺民俗学

文艺民俗学研究各种文艺现象与民俗文化之间的关系，旨在从民俗学的视角出发，解读和透视文艺作品、作家和艺术家们的活动以及各种文艺现象。文艺民俗学作为一门交叉学科，拥有文艺学和民俗学的双重属性：我们既可以以文艺作品为考察对象，研究其反映的民俗现象，探讨民俗在其中所担负的叙事功能与审美价值；也可以从民俗学的角度出发，研究文艺作品中的民俗元素，探究文艺作品对民俗的再建构及其对民俗生活的影响。

【例】《中国当代奇幻影视作品与民间超自然叙事的交互：从文艺民俗学的视角出发》[②]

分析：此论文从文艺的角度选择了中国当代奇幻影视作品，

---

① “日本文学的前沿领域”部分设计框架来自北京大学外国语学院 2020 年暑期学校系列讲座。

② 王琨 . 中国当代奇幻影视作品与民间超自然叙事的交互：从文艺民俗学的视角出发 [J]. 民间文化论坛，2021（2）：94–102.

从民俗的角度选择了民间超自然叙事，因此论文从文艺民俗学的视角切入，在立意汲取、题材改编、文本再生产等方面探讨二者的有机互动，并在此基础上对未来民间文艺资源的商业化开发和可持续保护进行展望。

（二）文学地理学

文学地理学是以文学与地理环境的关系为研究对象的一门新兴学科。文学与地理环境是互动关系，文学地理学的任务，就是对地理环境与文学要素之间的各个层面的互动关系进行系统的梳理，找出它们之间的内在联系及其特点，并给予合理的解释。同时，地理学又与地缘学、区域学相关涉，因此文学地理学也成为“作为区域国别学的文学”的发展契机。

【例】《日本民间故事中的海洋观念与“岛国意识”》[①]

分析：此论文以民间故事这一“文学”为研究对象，研究日本的海洋观念与岛国意识，即研究日本人的“地理”“思想”，很明显，其中关涉了中日关系、日朝关系、东亚意识等。此论文以“海洋”为关键概念，以《日本昔话集》中的“仙乡故事”为文本，分析日本民族的海洋崇拜，并特别指出，《桃太郎》中桃太郎远赴海外讨伐“鬼岛”的故事暗含了日本民族“岛国意识”中的扩张性。

（三）文学图像学

文学图像，即与文学文本相关的各种图像。通过文学文本与图像的互文、互证，既可以推进文学研究和文化研究，也可以推进图像研究。

① 乔禾．日本民间故事中的海洋观念与“岛国意识”[J]. 兰州大学学报（社会科学版），2020，48（6）：112-117.

【例】《古代日本绘卷上的长安景观：〈吉备大臣入唐绘卷〉的发现与研究》[①]

分析：此论文以日本传世文献中最早描绘唐都的图像史料《吉备大臣入唐绘卷》为例，通过文学文本与绘卷的互证，考察了平安末期日本对长安的基本认识与想象，同时剖析了“小国”日本在与“大国”唐宿命般的外交处境中想要展示其文化优越感的过剩意识，并进而得出结论，《吉备大臣入唐绘卷》显示出由权力者特意制作的非趣味性的外交象征意义。

（四）文学历史学

一般认为，文学是虚构的、想象的，历史是真实的、可靠的，因此长期以来文学和历史学并没有太多交叉，即使是历史小说，也依然被认为是架构在真实历史上的虚构故事。近年来，随着记忆理论的兴起，一般认为，文学中记录着作者的、读者的、作品人物的真实情感，从这一立场出发，文学作为记录真实情感的文字，具有了“史料”价值。从文学中探索历史，是文学历史学的使命。

【例】《新历史主义视域下的井上靖〈楼兰〉》[②]

分析：此论文以日本作家井上靖的中国西域题材历史小说《楼兰》为文本，从新历史主义的视角，将历史、文化、文本三者融在一起分析作品。这些小说的主题是基于正史和野史材料表达的，都属于历史小说，这是“文本的历史性”；同时，小说文本根据需要进行了创造，这便是“历史的文本性”。

---

① 郭雪妮．古代日本绘卷上的长安景观：《吉备大臣入唐绘卷》的发现与研究 [J]. 人文杂志，2015（11）：93–101.

② 宋琳．新历史主义视域下的井上靖《楼兰》[J]. 牡丹，2021（2）：92–93.

（五）文学社会学

文学社会学是艺术社会学的分支，也是文学与社会学的交叉领域。社会学长期以来重视实地调查，对文学作品重视不足。近年来，继王明珂提出“以历史文献为田野”后，刘亚秋提出“以文学为田野”，认为虽然实地调查是社会学研究的主流方法，但文学作品作为记录真实文化结构的文本，也理应被纳入社会学的研究方法中。

文学社会学探索文学与社会的关系。文学社会学分辨文学生活的深层结构，探究占主导地位的文学样式的生成原因，并剖解它们同时代精神和文化总体结构的关系；还可以展示文学、艺术、科学以及其他文化生活领域的一般时代环境，决定一个时代之总体思潮的“世界观”。

【例】《在个人与社会之间：〈敕勒川年华〉叙事的社会学分析》①

分析：此论文以知青小说《敕勒川年华》为分析文本，通过知青使命感和忏悔记忆的叙事，探讨社会主体性，认为“他者主体性”是主体视角下的社会和文化，并不是外在的纯粹客体，它需要经由主体的“体认”。研究关注“个体如何适应社会”的问题，认为必须关注个体的“体认”过程。

随着时代的发展，探索文学的时代使命成为文学研究的新生空间。文学与民俗学、地理学、图像学、历史学、社会学等学科交叉，生成了新的研究领域和研究课题。同时，传统的区域国别学往往以政治学、经济学等为研究主流，文学何以成为区域国别学？这是我们近年来一直探索的问题。学科交叉无疑为“作为区域国别学的文学”提供了各种可能性。

① 刘亚秋．在个人与社会之间：《敕勒川年华》叙事的社会学分析［J］．中国研究，2022（1）：183–203，341．

第 3 节　选题三：区域国别研究

【教学目标】

1. 了解区域国别研究的跨学科属性。

2. 探索区域国别研究。

【教学内容】

1. 常见研究领域。

2. 探索区域国别研究的前沿领域。

【重点与难点】

从跨学科的新文科视野进入区域国别研究探索。

【教学方法和策略】

1. 案例分析：通过具体实例，展示区域国别研究的选题。

2. 小组讨论：关注前沿领域，探讨如何探索区域国别研究。

【具体内容】

一、关于区域国别研究的思考

区域国别研究借助历史学、哲学、人类学、社会学、政治学、法学、经济学等学科的理论和方法，探讨语言对象国家和区域的历史文化、政治经济社会制度和中外关系，注重全球与区域发展进程的理论和实践，提倡与国际政治、国际经济、国际法等相关学科的交叉渗透。

简言之，区域国别研究的对象涵盖一国关于他国或区域一切知识的总和，具有鲜明的交叉学科特点，需要综合运用人文科学、社会科学、自然科学的诸多理论和知识进行跨学科研究，以得出更为客观准确的对策建言。

传统的日本文化方向和当下的区域国别研究在研究领域方面

高度重合，二者都包括日本历史、宗教、政治、社会、民俗、艺术等，具有跨学科属性。那么，从“日本文化研究”发展为“区域国别研究”具有何种意义呢？

关于外国语言文学学科中的区域国别研究，当下还处于探索建设期，本书仅做尝试性思考。本书认为，从日本文化研究到区域国别研究，标志着文化研究进入了新的阶段。①

第一，对跨学科属性的明确度不同。虽然二者均具有跨学科属性，但“日本文化研究”对“跨学科”强调不足，导致部分研究将自己定位为没有明确学科归属的“文化学”，造成基础理论方法不够扎实；而“区域国别研究”明确提出学科交叉融合的定位，强调相关学者在“日语语言文学”之外，必须进入具体的某一学科进行扎实的理论修习，进而进行跨学科研究。

第二，学术视野定位不同。“日本文化研究”定位于“日本”“一国”的文化研究，学术视野相对狭窄；“区域国别研究”是在地域性、广域性、超域性，甚至全球性的广阔视野中研究日本文化，即将研究课题放到一个更为久远、更为宏阔的时空坐标中进行审视。因此，在日本文化的研究视域中，“中日文化比较”这类“比较文化研究”是“日本文化研究”的向外延伸；而在区域国别研究的视域中，“比较文化”应是其天然内涵，除了中日比较，日韩比较、日美比较、东西方比较等也是其应有之义。

第三，更加强调研究者的主体意识。区域国别研究不仅要把研究课题放到宏阔的时空坐标中进行审视，也要把研究者放到宏阔的时空坐标中进行定位、审视，要求研究者关注当下，关注中国，要有中国视角和中国立场，对本土当下的问题保持高度敏感，对西方中心主义或日本中心主义保持警惕。有学者曾经指出，日

① 本部分参考了以下文献：邱雅芬．区域国别视野下的日本文学研究［J］．北方工业大学学报，2023，35（4）：18–25.

语学习和日本研究都有三层境界：第一层境界是不喜欢日语和不喜欢日本文化，盲目排斥日本；随着对日语的学习和对日本的了解，逐渐进入第二层境界，即沉迷于日本文化，觉得日本什么都好，中国要向日本学习这学习那；随着眼界的拓展和学识的积淀，又逐渐回归中国立场，进入第三层境界，能够冷静地分析、解剖日本，并将日本作为镜子，重新审视中国问题。区域国别研究强调，对外国的研究的落脚点是研究中国，解决中国问题，研究者的成果需要为建设中国学术大厦添砖加瓦，构建中国自主的知识体系，而不是盲目追随外国研究，服务外国学术发展。

第四，更加强调语言文学研究的实践意义。区域国别研究的主流是政治、经济、社会等方面的研究，但既然是跨学科，语言学、文学、翻译学也必然形成区域国别研究的一个分支。那么，语言学、文学、翻译学的本位研究，与作为区域国别研究的语言学、文学、翻译学研究有何不同呢？一项学术研究的价值往往包括学术价值和实践意义，在当代中国的时代语境中，“区域国别研究”的名称更加强调语言文学研究作为“实学”的价值。语言文学研究的看家本领是文本分析法，在当代，如何运用文本分析、文本深度挖掘、语境分析等方法，进行地域研究、广域研究、超域研究、全球研究，已成为新时代值得开拓的学术领域。

因此，可以说“日本文化研究”发展为“区域国别研究”后具有以下突出特征：

（1）凸显跨学科属性，并强调具体研究的学科归属。

（2）强调地域性、广域性、超域性、全球性的研究视野。

（3）强调研究者的主体意识和中国立场。

（4）强调语言学、文学和翻译学的“实学”属性。

二、区域国别研究的研究领域

区域国别研究包含各国、各区域的研究，在日语学科中，以日本为落脚点，日本学的研究跨越诸多学科。

（一）日本政治

政治学的研究领域包括政治学理论、国家政治研究、比较政治学、国际关系学、外交学等。政治学的研究议题广泛，包括人的社会和政治本质、国家的起源及性质、政体的类型与变迁、政府结构、政党体制、政治与经济关系、国家与社会关系、政治冲突与政治合作、战争与和平、政治思想与政治理论等。

【例】《因应与调适：战后日本国家安全保障战略的演化》①

分析：此论文以“因应与调适”为关键词，考察了战后日本国家安全保障战略的演化过程，并对其进行了总体分析和关键时期分析。此论文认为，这一演化过程可分为四个阶段，即1945—1972年国家安全保障战略的发端、1972—1990年作为“经济大国”的战略摸索、1990—2009年冷战后的战略调整、2009—2022年的国家安全保障战略转型，认为其总体发展方向是从“重经济、轻军备”向“普通大国”“军事化”迈进，其中安倍晋三第二次执政期间是其战略发生转变的关键时期。

（二）日本经济

日本经济研究一直以来都是日本研究领域的重点之一。日本自明治维新时期开启现代化，第二次世界大战后经济高速增长，创造了战后经济奇迹，20世纪90年代初日本泡沫经济破灭后经济发展进入低潮。但作为一个高度发达的自由市场经济体，日本的经济影响力仍然不可小觑。因此，研究日本经济，对我国经济发展依然具有重要的现实意义。

① 于铁军.因应与调适：战后日本国家安全保障战略的演化 [J]. 日本学刊，2023（4）：1-39，153.

【例】《岸田文雄税改对日本经济的影响及评价》[1]

分析：此论文分析了岸田文雄政府税改的背景、目的、内容、影响、挑战等，认为岸田文雄政府税改的背景包括政治背景和经济背景，政治背景是岸田文雄在日本财阀政治和自民党内自主决策中的地位提升，经济背景是“新资本主义”的经济政策，在这两大背景下，税改的目的是实现经济增长和调节收入分配，改革内容包括法人税改革、个人所得税改革和消费税改革。税改对日本经济产生了初步影响，但也面临着一些挑战。

（三）日本社会

日本社会的研究对象包括人口、教育、医疗、媒体、环境、人际关系等。日本老龄化、少子化、过劳死等社会问题严重，对其相关社会问题进行研究对我国社会发展具有重要的现实意义。

【例】《日本人口安全问题对其未来走势的影响及应对举措》[2]

分析：此论文对日本的人口安全问题的特征、影响、对策等进行了深入研究。研究表明，日本人口安全问题的特征是人口减少、少子化和老龄化趋势严重、生产年龄人口及劳动力严重短缺、人口过疏地区急剧增加；人口安全问题影响到国家财政、国民生活、国防安全、综合国力及国际影响力等诸多方面；对策包括“老龄社会对策”、“少子化社会对策”、社会保障与税收一体化改革、综合照护体系构建等，以建设“地域共生”社会。

（四）日本历史

日本历史研究领域广阔，按照不同的标准，可以分为不同的

① 张权，张帆．岸田文雄税改对日本经济的影响及评价［J］．现代日本经济，2023，42（6）：11–23.

② 田香兰，马子涵．日本人口安全问题对其未来走势的影响及应对举措［J］．日本问题研究，2023，37（3）：1–8.

研究领域。首先，日本历史研究可以分为通史研究和断代史研究。通史研究难度很大，需要有深厚的知识积累，多数学者都是从断代史开始研究的。其次，日本历史与各学科交叉形成了日本政治史、日本经济史、日本社会史、日本哲学史、日本宗教史、中日关系史等专门领域。最后，日本历史研究还可以分为事件史研究和精神史研究两个层次，事件史研究侧重历史事件的史实研究，精神史研究则侧重思想、思潮研究。

【例】《近代日本“被歧视部落”的身份转型》①

分析：此论文对明治维新时期日本部落民的身份转型问题进行追索，探讨了这一问题的发生、发展、结果和实质。这一问题起源于明治维新后日本政府在“一君万民论”的原则下建立了中央集权国家，因此需要将部落民编制为一般国民，以便规范部落民的共同体意识。知识界的“人种”争论造成了民众对部落民的歧视态度，普通民众与部落民之间的激烈冲突使部落民走上两种完全不同的身份重构之路：或走上融入新兴民族国家的“同和”之路，或作为“特殊”的“他者”而追求解放。部落民的身份转型问题伴随着日本近代国家建设的建构过程。部落民的身份问题反映出日本社会的复杂性。

【例】《〈日本书纪〉对神功皇后传说的政治塑造》②

分析：此论文关注“历史如何被书写”。论文着眼于神功皇后在官修史书《日本书纪》中是如何被“书写”的，探讨了书写的内容与功能。研究表明，在政治目的的驱使下，《日本书纪》的历史书写进行了历史删改，如删改神功皇后的世系以保证其子应神天皇即位的正统性；挤占了武内宿祢的地位，将神功皇后记载为

---

① 周菲菲．近代日本“被歧视部落”的身份转型［J］．世界历史，2020（3）：31–45，145.

② 姜金言，苗威．《日本书纪》对神功皇后传说的政治塑造［J］．史学集刊，2023（6）：98–108.

"摄政"；在"三韩征伐"传说中增添了大量维护统治集团尊严的内容。由此可见，在《日本书纪》的年代，对神功皇后的书写是为了维护统治阶级的正统性，后来又将其改造为日本对外战争的"精神领袖"。

（五）日本哲学

日本哲学的研究对象包括日本的神道、佛教、儒学、阳明学、国学、西学、茶道、花道、香道、武士道等，对其历史的研究一般称为日本思想史研究。要想研究日本哲学、日本思想，需要学习与哲学相关的基础理论。

日本哲学研究和日本文学研究的方法比较接近，也往往按照作品研究、思想家研究、思潮研究、比较研究的路径逐渐深入展开。

【例】《难以启蒙的"无鬼论"：山片蟠桃合理主义思想的"不合理"》[①]

分析：此论文为思想家研究，研究日本江户时代中后期思想家山片蟠桃思想的一个侧面，研究其思想中"合理"与"不合理"的表现、实质及历史评价。山片蟠桃坚信儒学的圣人之道，赞美德川政权的封建体制，宣扬无鬼论，反对开国通商。其思想中的矛盾之处源于"儒体兰用"的思维构造。山片蟠桃不是启蒙思想家，但他的主张是对传统思想进行近代转化的早期实践。

（六）日本宗教

日本宗教研究呈现多元性，主要包括对神道教、佛教、基督教、阴阳道、新兴宗教、新新宗教等的研究。

① 何鹏举．难以启蒙的"无鬼论"：山片蟠桃合理主义思想的"不合理"[J]．日语学习与研究，2023（1）：23-32.

【例】《安倍晋三遇刺背后：当代日本的宗教状况及发展趋势》[①]

分析：此论文以国际热点新闻安倍晋三遇刺为对象，研究了日本新兴宗教的现状和发展趋势。安倍晋三遇刺并非孤立事件，其背后反映了当代日本社会中的宗教状况。不仅日本经济在衰退，其传统宗教甚至新兴宗教也开始走下坡路。在后疫情时代，日本人的不满和失落蔓延，为新的宗教发展提供了土壤。从发展趋势来看，日本的各种社会矛盾与宗教问题结合在一起，诱发宗教极端事件的可能性加大，同时日本宗教与政治的复杂关系对国家的未来走向将产生不可忽视的影响。

（七）日本民俗

日本民俗研究领域主要包括对其衣食住行、家族制度、社会关系、神话传说、歌谣谚语、婚丧祭祀、民间信仰等的研究。

【例】《丝绸之路的开拓、往来与牵牛织女传说在日本的传承：以九州宗像大社中津宫牵牛织女传说为中心》[②]

分析：此论文以日本九州宗像大社中津宫流传的一则牵牛织女传说为例，在古代东亚交流史、丝绸之路的开拓与往来的宏大背景下，考察传说的传播过程，认为牵牛织女的传说融入了当地的信仰与文化之中，共生共融形成了共同的历史记忆、文化记忆与跨文化记忆。由此得出结论，东亚各国在中华文化的基础上结合各自独特的文化，经历漫长的时间，培育出了东亚共有的文化遗产与精神传统。

---

① 王皓月．安倍晋三遇刺背后：当代日本的宗教状况及发展趋势［J］．世界宗教文化，2023（1）：47–55.

② 毕雪飞．丝绸之路的开拓、往来与牵牛织女传说在日本的传承：以九州宗像大社中津宫牵牛织女传说为中心［J］．民俗研究，2022（4）：103–113，159–160.

（八）日本艺术

日本艺术包括音乐、舞蹈、美术等领域，常见选题包括日本传统表演艺术（如能剧、狂言、歌舞伎、漫才、落语等）、日本绘画（如大和绘、文人画、浮世绘等）、日本书法，以及花道、茶道、香道等，现代艺术还包括影视剧、动画等。其中，花道、茶道、香道等往往涉及哲学思想，也可以从哲学视域进行研究。

【例】《身体政治与符号载体：日本导演押井守动画电影中的女性身体研究》[①]

分析：此论文以押井守动画电影中的女性身体表达为研究对象，认为女性身体是其中极为重要的符号载体，因此从符号学和话语理论的视角进行了解读，认为符号化的女性身体是父权话语实践的另类伪装，电影中的女性们难以真正逃离父权的束缚。

（九）比较研究

区域国别研究同时也是跨区域、跨国别研究，比较研究是其应有之义。

【例】《少子化问题的亚洲特征：日本与欧美比较的视角》[②]

分析：此论文以“少子化”这一社会问题为研究对象，通过日本与欧美的比较，探究少子化问题的亚洲特征。此论文认为，日本的相关政策一直是以欧美国家的政策为基础范式的，忽视了本国社会的固有价值观。在少子化问题上，涉及两方面：一是欧美国家强调婚姻由恋爱发展而来，而日本则强调婚姻的本质是一种新的经济生活；二是日本人“注重体面”，希望过一种体面的婚

---

① 余志为，王聪．身体政治与符号载体：日本导演押井守动画电影中的女性身体研究［J］．贵州大学学报（艺术版），2023，37（5）：42–51.

② 山田昌弘，胡澎．少子化问题的亚洲特征：日本与欧美比较的视角［J］．日本学刊，2019（2）：87–97.

姻生活，如果预想到将来子女会“在经济上感到痛苦”，就不会考虑结婚生子。这种观念与亚洲其他国家有相似之处。

三、区域国别研究的前沿领域

外国语言文学学科的区域国别研究，主要以对象国和区域的人文领域中的问题为研究对象，强调问题导向和田野调查，即借助外语的优势，运用第一手外语资料对对象国和区域的历史、文化、民族性、国民性等方面进行系统的研究，从人文学角度建立中国的区域国别研究学术体系和知识体系。因此，在推进日本国别研究的大趋势下，基于田野调查对日本进行文化人类学的研究成为必要。

文化人类学作为人类学的一个分支学科，研究人类各民族创造的文化，以揭示人类文化的本质。其基本方法是田野调查，通过调查来研究文化模式、文化变迁、种族、语言、生态、人格等。

研究日本的最著名的文化人类学著作之一是《菊与刀》。长期以来文化人类学是发达地区对落后地区的“他者”研究，本尼迪克特第一次将文化人类学的视线投向发达国家，对日本进行了深刻的研究，得到学界的高度评价。但同时，本尼迪克特撰写《菊与刀》主要依据文献资料和对战俘的访谈，并没有到日本进行调查，因此在研究方法上受到诸多批判。

在新时代，我们要加强对日本的研究，就需要到日本进行田野调查，以深化文化人类学方向的研究。

【例】《地方性知识的调查、保存与应用：以日本山形县农村文化研究所的实践为例》[①]

分析：此论文通过实地调查，探索地方性知识的实践路径。

① 程亮，阿部宇洋 . 地方性知识的调查、保存与应用：以日本山形县农村文化研究所的实践为例 [J]. 艺术与民俗，2022（2）：46–52，97.

日本山形县的农村文化研究所是一家由当地农民创办、大学学者参与的公益性研究机构，通过实地调查可以看到，当地居民与外来研究者之间的对话解决了当地居民缺乏专业研究能力和研究者缺乏本地视角的问题。

第4节 选题四：中日翻译

【教学目标】

1. 了解中日翻译研究领域的常见选题和前沿领域。

2. 了解翻译论文和翻译实践报告的不同。

【教学内容】

1. 翻译学研究领域概述。

2. 翻译实践报告的写法。

【重点与难点】

了解翻译研究领域的常见选题，区分翻译研究和实践报告。

【教学方法和策略】

1. 案例分析与讨论：分析翻译论文和翻译实践报告。

2. 小组讨论：关注翻译研究的前沿领域。

【具体内容】

翻译方向的毕业成果主要包括翻译论文和翻译实践报告。翻译论文与语言学、文学、区域国别研究的论文一样，都是学术论文，强调学术性、理论性。翻译实践报告强调实践性，强调在翻译实践（笔译、口译、同声传译）中探索翻译策略和技巧。

一、翻译论文

翻译学以翻译行为、翻译产品、翻译过程、翻译功能、翻译者、翻译作品传播为研究对象，探究其规律，揭示其背后原因，为翻译研究提供理论方法，为翻译实践提供指导。

翻译研究包括翻译理论研究、翻译史研究、译本研究、译介研究、译者研究、比较研究等。

（一）翻译理论研究

翻译理论研究关注理论层面，多结合现代语言学、交际学和符号学等各种理论，或结合民族、社会、文化等方面的差异对翻译现象做理论性的阐发，或从理论层面进行归纳和提高，总结出能指导翻译实践的理论。著名的翻译理论有严复的“信达雅”理论、克里斯蒂娜·诺德的功能翻译理论、尤金·奈达的功能对等理论、汉斯·弗米尔的目的论、凯瑟琳娜·赖斯的文本类型理论、纽马克的交际翻译和语义翻译、曼塔里的翻译行为理论等。从研究路径来说，既可以通过文本翻译推进理论研究，也可以在理论指导下进行文本翻译实践研究。

1. 翻译理论研究案例

【例】《从“创造性叛逆”到“叛逆性忠实”：以日本和歌汉译为例》[①]

分析：此论文着眼于理论对话，讨论了翻译理论中的“创造性叛逆”理论。传统翻译理论强调译者对作者的从属性，而埃斯卡皮的“创造性叛逆”强调译者的主体性，是翻译理论的重要推进。此论文分析了这一理论存在的逻辑不清、边界不明等局限性，并基于和歌汉译实践，进一步提出“创造性忠实”的概念，对“创造性叛逆”理论进行了拓展，并在“创造性忠实”的视点观照下探讨了具体的和歌汉译策略。

2. 翻译实践研究案例

【例】《文本类型视角下贵州省公示语日译研究：以西江千户苗寨为例》[②]

① 崔艳伟．从“创造性叛逆”到“叛逆性忠实”：以日本和歌汉译为例［J］．日语学习与研究，2020（5）：112–119.

② 陈煦．文本类型视角下贵州省公示语日译研究：以西江千户苗寨为例［J］．文化创新比较研究，2023，7（5）：39–44.

分析：此论文是在赖斯的文本类型理论指导下，以贵州省西江千户苗寨景区的汉日双语公示语文本为例，分析了具体的翻译策略。按照文本类型理论，这些翻译文本可分为信息型、表情型、感染型三类，研究发现，信息型公示语为了直观传达主要信息，宜采用直译；表情型公示语重在传达意境，多用意译；感染型公示语要起到提醒、警示作用，应尽量转换成日本受众熟悉易懂的表述方式。

（二）翻译史研究

翻译史研究不仅包括翻译活动、翻译事件、不同历史阶段的特征，还包括中外翻译史上的代表性人物、翻译流派、具有历史性影响的翻译文本等。随着各个时代翻译理论的发展，涌现出很多值得研究的翻译理论思想，如后现代主义翻译思想、后殖民主义翻译思想、女性主义翻译思想等，也可以关注历史中的“时间”与“空间”，如“五四”时期中国的翻译思想研究、明治时期日本的翻译思想研究等。

【例】《箕作麟祥与“六法”翻译》[①]

分析：此论文的研究对象为中日法律翻译史上的代表人物箕作麟祥，梳理了其法典翻译的主要活动和历史贡献。箕作麟祥被誉为“日本法律的渊源”“法律的元祖”，其在明治政府的指令下，翻译了法国“六法”。“六法”翻译引领了日本近代法制思想，构建了较完整的法制框架，创制了“民法”“权利”“动产”等大量法律术语。“六法”翻译不仅为中国提供了近代法律语言术语，中国还通过模仿“六法”翻译，初步构建了本国近代法治的基本框架。

① 龚茁．箕作麟祥与“六法”翻译 [J]. 日语学习与研究，2022（3）：21-31.

（三）译本研究

译本研究关注语言层面，关注语言文字的转换，主要研究翻译文本的翻译策略和翻译技巧。翻译文本的范围很广，可以是一篇文章、一本书的翻译，也可以是几句话，如广告语、景点游览语等的翻译。常见中日互译技巧与方法是针对语言学中的词、短语、短句、长句的翻译，如称谓词的翻译、连体修饰语的翻译、敬语的翻译、否定表达方式的翻译、被动句的翻译等。

【例】《食品包装用语日译策略分析》[①]

分析：此论文对“食品包装用语”这一类型的文本进行了翻译策略研究。论文采用抽样调查法，收集整理了中国本土食品包装的日语使用状况。分析发现，包装上的日语译文错误率高，错误类型主要包括文字表记错误、汉日混用、语法错误、漏译、不符合日语表达习惯、用词错误、过度拘泥于原文等，论文还就这些文本的日译策略进行了探讨，指出了语符翻译和图像翻译的重要性。

（四）译介研究

译介研究的目的不在于分析具体的翻译技巧，而是更关注翻译的文化层面，认为翻译是一种跨文化交际行为，探讨译本以外的许多因素，如译入国文化语境中的意识形态、占统治地位的文学观念、翻译的“赞助人”（出版者等）、接受环境等。在译介研究的视野中，翻译在本质上是一种政治行为和文化行为。

【例】《译介学视角下〈诗经〉的日译研究》[②]

分析：此论文站位中华典籍的海外传播和提升中国文化国际

① 黄小丽，潘晓琦，葛铭禹 . 食品包装用语日译策略分析 [J]. 日语学习与研究，2022（2）：43–55.

② 夏艺奚 . 译介学视角下《诗经》的日译研究 [J]. 名作欣赏，2023（36）：173–175.

影响力，选择了中国文化经典《诗经》的日译作为研究对象，从译介学的视角进行了研究。论文对译本从“译介主体”“译介内容”“译介途径”“译介受众”“译介效果”五个译介要素进行分析，梳理了《诗经》的日译历程，考察了译本的局限性与不足。

【例】《日本读者对中国科幻文学翻译作品的接受》①

分析：此论文以科幻作品《三体》的日译为例，结合信息技术，研究其译介成功的原因。论文以日本读者的在线评论为考察对象，运用文本挖掘技术，对读者评论进行高频词提取、分维标注、语义共现、情感分析等定性分析和定量分析，同时在读者接受理论的指导下，廓清日本读者对科幻小说的期待视野。研究发现，《三体》跌宕起伏的情节、宏大的世界观设定、对人性的思考、优秀的翻译推广等是其广受读者青睐的主要原因。

（五）译者研究

译者研究是翻译研究的一个新兴领域，传统的译者研究主要是运用文本分析法对译者的思想进行研究，如傅雷、鲁迅等的思想。而新兴的译者研究主要是社会学意义上的译者研究，其更关注人与社会，包括文本与语境、译者的主体性、译者与读者的关系等。

【例】《董乐山译本〈一九八四〉译者主体性的构建》②

分析：此论文以著名翻译家董乐山选译奥威尔的经典作品《一九八四》为案例，分析译者主体建构的表现。《一九八四》是英国左翼作家奥威尔的长篇政治小说，董乐山怀着对日本和德国法西斯的极端憎恶，选择了这一小说进行翻译。译者的主体性呈

① 王慧，陆晓鸣. 日本读者对中国科幻文学翻译作品的接受［J］. 日语学习与研究，2023（2）：114–127.

② 叶小宝，邓高胜. 董乐山译本《一九八四》译者主体性的构建［J］. 重庆交通大学学报（社会科学版），2020，20（3）：93–98.

现于译前选材、译中翻译风格的厘定和译后序言中。

（六）比较研究

翻译比较研究包括译本比较研究和翻译家思想比较研究等。其中，译本比较研究主要是对同一原作的不同译本进行比较、钩沉、溯源等。

【例】《〈徒然草〉中译本译者主体性研究：以周作人和郁达夫译本为对象》[①]

分析：此论文立足于译本比较，通过比较日本随笔《徒然草》的两个译本，探讨译者主体性对译本的影响。通过比较周作人和郁达夫译本的不同，可以看出，虽然两者的部分译文从语言学角度来看是“缺陷翻译”，但都是译者在尊重原作的前提下融入了自身主体性的表现，可以看到译者在翻译过程中主体性选择的痕迹。

二、翻译实践报告

翻译实践报告重视实践，重视语言层面的翻译策略和翻译技巧。翻译实践包括笔译、口译和同声传译。

做好翻译工作，要求译者具备丰富的双语知识、百科知识、翻译技能知识。其中职业技能训练包括译前准备、笔记方法、分析方法、记忆方法、表达方法、术语库的建立等。

翻译实践报告的内容一般包括：明确翻译任务，即翻译著作信息、为什么要翻译此文本、翻译背景介绍（国内出版状况）等；介绍翻译理论；翻译过程中翻译工具的选择，在翻译理论指导下进行翻译案例分析（原文、试译、复译）；最后总结翻译心得。

【例】《从功能对等理论看日译汉句子结构调整：以〈城市魅

---

① 林娟芳.《徒然草》中译本译者主体性研究：以周作人和郁达夫译本为对象 [J]. 云南社会科学，2020（6）：158-162.

力学〉翻译实践为例》[①]

分析：此论文以日文社科图书《城市魅力学》的翻译实践为基础，在奈达功能对等理论的指导下，探讨日译汉过程中句子结构的调整方法。论文将功能对等理论分解为“形式调整”“语体对等”“形式对应”三部分，探讨了五种调整：语序调整、否定形式与肯定形式互换调整、省略性调整、增补性调整、语态转换调整。由此可以看出，在句子结构调整过程中，首先要关注源语和译入语的语言特点与语言习惯；其次要秉承“意义为主，形式次之”的原则，结合上下文，谨慎选择调整方法。

当下，人工翻译受到机器翻译、人工智能翻译的巨大冲击。未来，如何使机器翻译、人工智能翻译成为人工翻译的助手，是新时代的研究课题。

① 刘玉竹．从功能对等理论看日译汉句子结构调整：以《城市魅力学》翻译实践为例［D］．长春：吉林大学，2015.

模块二 问题意识

学术训练中最重要的是逻辑思维的训练。逻辑思维训练集中表现在问题意识的训练。

1. 何为问题意识？

首先，问题意识是能提出一个问题，即一个带问号的句子。在答辩时，对一些问题意识不清的论文，答辩委员常常会提出一个问题：请用一问一答的形式概括一下论文的内容。答辩委员会提出这样的问题，是确认作者本人是否真的知道自己的论文要研究的问题。

其次，作为问题意识的问题（问句），既不是question，也不是problem，而是puzzle。这个问题需要与理论进行对话，是学界同人普遍关心的、正在寻找答案的理论问题或实践问题。如果一个问题仅仅是一个带问号的句子，但没有与理论进行对话，那么这可能只是一个问题，而不是问题意识，而且很可能这个问题只有你一个人感兴趣，只是“自娱自乐”，既没有与理论进行对话，也没有与实践进行对话，甚至没有其他人关心这个问题。一个问题，只有上升至理论层面，与学界产生对话，才能真正成为问题意识。

2. 如何凝练问题意识？

问题意识是学术研究的核心、灵魂，是决定一篇学术论文价值的关键。那么，如何凝练问题意识呢？

首先，要进行文献综述。文献综述也称为“先行研究”，或“前人研究”。没有任何一项研究是凭空产生、没有基础的。前人所做的研究努力，都是我们继续研究的基础。文献综述就是论文大厦的地基，文献综述的扎实程度决定了论文可以达到的高度。

其次，要追踪本学科、相邻学科、交叉学科的研究动态，关注相关理论与现实研究热点，与“圈内人”对话。在学科交融的当下，自身的定位是非常重要的，即定位自己的研究领域，定位自己所属的“圈层”。这关系到自己的学术论文是给“谁”看的，是与“谁”对话，从而决定论文的选题、问题意识。

最后，要关心时势，关注时代命题。每个人都属于具体的时代。只有将个体置身于宏大的时代中，才能发现真正有价值的课题。在民族救亡图存的危急时刻，如果只关注“回”字有多少种写法，就只能成为被时代抛弃的孔乙己。学者必须有学者的时代担当。

总之，问题意识体现了学术论文的底层逻辑，是学术论文的精魂。一篇好的学术论文，归根结底是由于有好的问题意识。“问题意识”模块是本课程的重中之重。

在“问题意识”模块，我们从文献综述和常用数据库、选题、创新点和题目、核心概念和研究设计这几个方面进行讲解和学习。

第 5 节 文献综述和常用数据库

【教学目标】

1. 培养学生撰写文献综述的能力。

2. 了解并熟悉常用的学术数据库。

【教学内容】

1. 何为文献综述，文献综述的三种写法和三种类型。

2. 撰写文献综述的六个步骤。

3. 常用数据库。

【重点与难点】

撰写文献综述的六个步骤。

【教学方法和策略】

1. 讲授与案例分析相结合：展示撰写文献综述的方法。

2. 演示和讲解：详细介绍数据库的检索方法、特点和使用技巧；演示如何进行主题词检索、文献排序、文献筛选、文献下载等操作。

【具体内容】

文献综述是论文撰写的基础，是整个论文大厦的地基。文献综述做得好，论文才有可能写好；文献综述做不好，论文不可能写好。文献综述是开题报告审核的重中之重。

一、何为文献综述

文献综述是对前人研究的总览，其基本含义包括：①文献；②综；③述。

“文献”即前人的研究；“综”即对前人研究的梳理、分析，看看前人做了什么，他们是怎么做的；文献综述也可称为文献综评，“述”即“评”，即评价前人研究的长处和短处，谁做得好，哪里好，哪个研究是典范，学习、继承其长处，对其短处进行补足，思考什么地方（研究领域）还有什么课题（研究问题），需要如何去做（研究方法），从而在前人的“短处”之处生发出自己的论文，由此推动相关领域的研究。

一篇好的文献综述往往站在学术史的高度，是一部小而精的学术史。

（一）文献综述的三种写法

1. 按照研究分野撰写

按照研究分野撰写即按照研究子领域撰写。模块一“研究领域”中讲道，日语语言文学作为一个学科，下分日语语言学、日本文学、区域国别研究、中日翻译四大领域，每个领域中又各有子领域。按照各个子领域，分别梳理其研究现状，汇总每个研究子领域的热点论题、取得的成果和拓展空间等。

2. 按照发展阶段撰写

按照发展阶段即按照时间顺序，梳理某研究领域内各个研究问题的兴起和发展，分析各研究阶段的研究重点、研究方法、研究特色、研究倾向等。每个阶段的研究特色通常会受到当时社会状况的约束、局限和影响，因此往往需要结合时代发展分析各阶段的研究状况。

3. 按照研究方法撰写

按照研究方法撰写即按照学派撰写。不同的学派往往有不同的学术理论、研究范式，形成各具特色的研究方法。不同的研究方法往往带来不同的研究视角，得出不同的研究结论，生发出不同的观点。

这三种写法并无优劣之分，也可以融合三种方法进行梳理。例如，按照不同的研究阶段，分别梳理各个研究分野的研究成果和研究方法等。

（二）文献综述的三种类型

文献综述可以分为以下三种类型。

第一类是领域型文献综述，其对某一研究领域的研究状况进行梳理、评析，往往单独成文，甚至可以成书，以加强读者对这一领域研究现状的认知。

第二类是主题型文献综述，其对某一研究主题的研究状况进行梳理、评析，往往单独成文，并重视对研究同一主题的不同理论、不同视角、不同方法和不同结论的整合，加强读者对同一研究主题的不同视域的认知。

第三类是问题型文献综述，其对某一研究问题（研究主题下的某个具体对象）的研究状况进行梳理、评析，并导引出一个问题（问句），以接续后文的研究过程。问题型文献综述一般出现在论文的“导言”部分，不单独成文。开篇没有问题型文献综述的论文，不是严格意义上的学术论文。

1. 领域型文献综述

领域型文献综述是“总览”，是“鸟瞰”，往往涉及一个学科的整体，或者一个大的方向，如日语语言文学学科，或者日语语言学方向、日本文学方向等，其涵盖范围较大、篇幅较长，如果是单方向的年度综述，会形成一篇论文，如果是多方向多年研究成果的综述，则会汇集成一本专著。

近年来，日语语言文学学科的领域型文献综述的著作主要有：

- 鲍同．中国现当代文学在日本的译介研究：译介沿革、模式及研究趋势 [M]. 北京：中国人民大学出版社，2023.

✧ 谭载喜. 西方翻译简史（增订版）[M]. 北京：商务印书馆，2022.

✧ 杨伯江. 当代中国的日本研究（1981—2020）[M]. 北京：中国社会科学出版社，2021.

✧ 王志松. 中国当代日本研究（2000～2016）[M]. 北京：社会科学文献出版社，2019.

✧ 王向远. 中国外国文学研究的学术历程：日本文学研究的学术历程 [M]. 重庆：重庆出版社，2016.

✧ 王志松，岛村辉. 日本近现代文学研究 [M]. 北京：外语教学与研究出版社，2014.

✧ 李均洋，佐藤利行. 中日比较文学研究 [M]. 北京：外语教学与研究出版社，2014.

✧ 李薇. 当代中国的日本研究（1981—2011）[M]. 北京：中国社会科学出版社，2012.

同时，各类学术期刊也会推出领域型综述论文，如《日语学习与研究》杂志从 2009 年开始连年推出各领域的年度综述论文，涉及“日语语言”“日本文学”“日汉翻译”“日语教育”等领域；《日本学刊》杂志在 2018—2020 年连续推出年度综述论文，涉及“日本政治”“日本经济”“日本教育”“日本文化”“日本历史”“日本文学”“日本外交”“日本社会”“日本战略”等领域。如：

✧ 张伯玉. 2020 年日本政治研究综述 [J]. 日本学刊，2021（S1）：1-15.

✧ 徐梅，邓美薇. 2020 年日本经济研究综述 [J]. 日本学刊，2021（S1）：28-40.

✧ 胡澎. 2020 年日本社会研究综述 [J]. 日本学刊，2021（S1）：41-55.

✧ 王升远. 2018 年度中国的日本文学研究综述 [J]. 日语学习

与研究，2019（5）：118–127.

研读以上著作和论文，可以熟悉相关领域的研究现状，迅速找到自己感兴趣的选题领域。

2. 主题型文献综述

“主题型文献综述”，是对研究方向下的一类主题的综述，由于比较聚焦，因此一般形成综述论文。研读这类论文，可以迅速学到相关研究理论和研究方法等，迅速进入规范的学术研究阶段。

近年来，这类论文有：

✧ 罗伯中，施尉．从荒谬到反抗与协同：日本加缪思想研究综述 [M]// 莫伟民．法国哲学研究（第五辑）．上海：上海人民出版社，2023：519–535.

✧ 熊辉．鲁迅作品在日本翻译与接受研究综述 [J]．绵阳师范学院学报，2023，42（1）：1–12.

✧ 杨南龙．日本战后主体性理论的高峰：梅本克己哲学研究综述 [J]．日本文论，2022（2）：185–202，209–210.

✧ 陈德超，孙萌．战后日本的火野苇平文学研究现状综述 [J]．青春岁月，2021（21）：6–9.

✧ 姜懿桐．近代日本向东北移民之研究综述 [J]．西部学刊，2021（20）：140–142.

✧ 加文·沃克，冯英子．批判性综述：马克思主义理论在日本 [J]．国外社会科学前沿，2021（6）：51–61.

✧ 赵云生．日本铁路数字仿真技术研发与应用综述 [J]．国外铁道车辆，2021，58（2）：1–4.

✧ 赵蕊蕊．日本新世纪（2000—2020）杜甫研究综述 [J]．杜甫研究学刊，2021（1）：77–93.

✧ 章倩玥，王佳璐．日本江户时期通俗物的研究综述 [J]．青年文学家，2021（5）：155-156.

3. 问题型文献综述

问题型文献综述，是指向单一问题的研究，它要求针对所要研究的“一个”问题，梳理出简明扼要的“微学术史”。问题型文献综述不单独成文，一般置于专著和论文的“导言”部分。通过梳理所选问题的历史发展脉络，充分肯定前人做出的学术贡献，并发现前人研究中的问题。牛顿说，他的研究是站在巨人的肩膀上进行的，其实每个人的每项研究都是站在巨人的肩膀上进行的。文献梳理的过程，就是寻找这项研究的“巨人”有哪些，他们的“肩膀”在哪里，他们没有到达的“高空”在哪里，然后我们站到“巨人们”的“肩膀”上，去触摸那不曾被发现的“高空”。

文献综述具有两大作用：第一，通过梳理，找到权威的、典型的研究成果，这些研究成果将为我们后续的研究提供研究理论、研究视角和研究方法等，成为我们研究的重要基础；第二，通过分析，找到现有研究的不足、漏洞，梳理出目前的研究问题、研究空间，从而证明下文研究的价值所在。

学术论文不是单打独斗、自娱自乐，而是与学界（学术共同体）的对话。如何对话？最直接的方式就是文献综述，文献综述直接体现了论文在学界知识谱系中的位置。

二、撰写文献综述的六个步骤

文献综述是学术论文大厦的地基，大厦能盖多高，论文能否成为优秀论文，与文献综述的质量有很大关系。

要写好一篇论文，不仅要熟悉研究领域内的研究状况，还要有清晰的问题意识，梳理出需要研究的问题。对初学者来说，要先通过领域型文献综述，找到自己感兴趣的“论题”（即“研究主题"，往往是一个关键词），再通过主题型文献综述和问题型文献综述确定自己要研究的"问题"（确定"研究对象"，并形成一个带问号的问句）。

具体来说，撰写文献综述可以分六个步骤：选择主题、文献检索、文献研读、文献批评、发现问题、确定选题。①

（一）选择主题

初学者在面临"写出一篇学术论文"的任务时，往往不知道要写什么，那是因为他们对"研究领域"一无所知。就像师傅要求徒弟到山里寻宝，徒弟对于山是什么样的、宝贝是什么样的，完全不知道，寻宝就很困难。这时候，如果师傅拿出一份寻宝地图，寻宝一下子就变得简单多了。

"领域型文献综述"就是这样一幅寻宝地图，它会告诉你山脚有什么，山腰有什么，山顶有什么，你想要寻找什么宝贝，就可以自己制定路线了。

查阅"领域型文献综述"后进行选题，是了解全部领域后，再进入自己感兴趣的课题。有时候，即使不了解全部领域，也可以直接进入选题，一般有如下几种情况：

第一，导师、专家建议的题目。

第二，学习、生活中感兴趣的问题。

第三，学术期刊中感兴趣的论文。

相比较而言，先了解全域再进入研究主题，会花费很多时间与精力，但能全面把握本领域的整体状况，这为后面的论文撰写提供了宽广的视野和具体的定位，对学生的学术之路非常有益处，学生也能够挑选出自己最感兴趣的课题；直接进入研究主题，会

---

① "六步骤"参考了：马奇，麦克伊沃 . 怎样做文献综述：六步走向成功［M］. 2 版 . 高惠蓉，译 . 上海：上海教育出版社，2020.

节省大量时间，但在知识的广度方面会有所欠缺，同时也有可能错过自己更感兴趣的选题。

因此在时间充裕的情况下，建议选题时先从查阅“领域型文献综述”开始。在了解整个领域的研究状况后，筛选出自己感兴趣的课题的“关键词”，即“研究主题”。

（二）文献检索

确定研究主题后，就要看看前人都做了哪些研究，因此要检索文献。“文献检索”中的“文献”，包括论文、专著、研究集成、文献索引等类别。

1. 论文

文献检索中最重要的是论文检索，一般使用论文数据库进行检索。目前国内的数据库建设比较完备，论文检索比较简单。最常用的中文数据库为“中国知网”（CNKI）。

当以某个“研究主题”为关键词进行搜索时，一般会出现成千上万篇论文。我们要从中迅速筛选出“精品文献”，学术水平一般的论文可以忽略不看。

“精品文献”一般包括四类：经典文献、权威文献、最新文献、相似文献。

将搜索到的论文按照“引用率”进行排序，一般会迅速筛选出“经典文献”和“权威文献”，这些文献都有较高的被引率。

经典文献是指在学术史上公认的经典，其在理论探索、理论应用、研究视角、方法运用和研究结论方面往往具有划时代的意义，从而成为研究典范。经典文献一般不受时间限制，不论多么古老的研究文献，只要与论题密切相关，都可以出现在参考文献中。

权威文献是指当代的大家撰写的重量级论文，其往往是“权威学者”发表在“权威刊物”上的论文。在某个研究领域，有哪些“权威学者”和“权威刊物”，教师一般是非常清楚的，但初学者往往并不知道。一般来说，按照数据库中“引用率”的排序进行查阅，基本不会漏掉权威文献。

最新文献是指五年内的相关研究文献。研究工作必须追踪最新研究，关注最新研究动态。在数据库中按照“发表日期”进行排序，即可查阅到最新的相关论文。

相似文献是与自己的选题非常相似的文献。这类文献比较隐蔽，往往会被忽视。例如，如果我们的选题是《〈源氏物语〉中的民俗研究》，那么《〈红楼梦〉中的民俗研究》就是一篇相似文献。或者，在看到《〈红楼梦〉中的民俗研究》这样一篇文章的时候，是不是会想到，我们可以做《〈源氏物语〉中的民俗研究》这样一个选题呢？不过，一般情况下，《〈红楼梦〉中的民俗研究》会归属在中国语言文学领域，而《〈源氏物语〉中的民俗研究》会归属在日语语言文学领域，二者分属于不同的研究领域。但是，在当代学科交叉融合的背景下，二者又同在“文艺民俗学”这一交叉领域中。因此，关注“文艺民俗学”的人如果读到《〈红楼梦〉中的民俗研究》，就很容易做出《〈源氏物语〉中的民俗研究》这样的选题。这也是学科交叉的意义所在。从这一意义上来说，如果选题是《〈源氏物语〉中的民俗研究》，那么《〈红楼梦〉中的民俗研究》就是一篇极具份量的必读文献。

除了运用数据库，还应该高度重视权威文献中的“参考文献”。高质量的论文一定是建立在高质量的“参考文献”（=前人研究）的基础上的，通过权威文献的参考文献目录，可以顺藤摸瓜，找到大量高质量的相关文献。

另外，《日本学刊》《日语学习与研究》等期刊在每年最后一期都会刊登本年度论文题目汇总，对于了解相关领域研究动态非常有益，应予以关注。

2. 专著

专著中也包括经典文献、权威文献、最新文献、相似文献。

专著可以运用“当当网”检索主题词，年代比较久远的图书可以运用“孔夫子”网查询。

另外，很多优秀的公众号也会不定期推出相关领域最新图书和年度出版图书等。例如，“民俗学论坛”公众号就曾推出《2023年民俗学、民间文学新书盘点》，对本领域图书进行了年度汇总。关注本领域的优秀公众号，是关注研究动态的重要方法。

3. 研究集成

对经典选题，日本往往会出版“研究集成”，收录研究论文全文，集册出版，如《柳田国男研究集成》《安部公房研究集成》等。“研究集成”中收集整理了某一较长时间段对某一主题的研究论文，非常全面，节省了四处收集相关论文的时间。但要注意，关于这一主题为何会出版“研究集成”呢？一方面，是由于这一主题具有研究价值；另一方面，是由于关于此主题的研究已经蔚为大观。因此，关于此类选题的研究较多，不易创新。选择此类选题时一定要注意缩小题目范围，寻找创新点。

4. 文献索引

“研究集成”会收录论文全文，“文献索引”不收录全文，只收录文献的基本信息，一般包括论文题目、刊物名称、出版社、出版时间等。根据“文献索引”，读者可以迅速掌握该领域大致的研究状况，并根据需要查找相关文献。

（三）文献研读

文献检索和文献研读的过程也是筛选出精品文献的过程。通过检索和研读，确定和自己的研究密切相关的精品文献。只有研读精品文献，才能写出精品论文。

笔者曾经审阅过一篇论文，写得中规中矩，但基本是低水平重复，没有什么创新点，一看这篇论文的参考文献，竟然大部分是论文作者的师兄、师姐的毕业论文。虽然英雄不问出处，但如果大部分参考文献都是学长的毕业论文，基本是写不出高水平论文的。可以说，参考文献的高度决定了论文的高度。

要研读的文献包括两类：①主题型文献综述，通过研读，掌握本研究主题常见的研究理论、视角和方法等；②问题研究型文献（开篇包含问题型文献综述的论文和专著），通过研读，学习从“研究主题”生成“研究问题”的方法，学习指导个案研究的具体理论、方法等。

精品文献中的文献综述往往也是精品文献综述，认真研读这些文献综述，可以事半功倍，为自己撰写文献综述、学术论文打下坚实的基础。

另外，研读这些精品文献时一定要做好读书笔记，需要特别注意的是，一定要有详细的文献信息，特别是页码。这样后期撰写论文时，直接复制即可。如果研读时没有标注页码，后期再补充，就会浪费大量的时间和精力。

（四）文献批评

研究完精品文献后，就要对这些文献进行评判。文献批评是文献综述中最难写的部分，它要求作者带着批判的眼光去审视“精品文献”，既要看到前人的巨大贡献，也要看到前人的局限所在。

文献批评常常包括以下步骤：①分析；②分类；③归纳；④评论。

1. 分析

就研读过的精品文献进行分析，分析学界这些具有代表性的学者对我们感兴趣的“研究主题”分别提出了哪些问题，解决了哪些问题（他们的论文本身就是在提出问题、解决问题）。

2. 分类

根据这些文献（学者）关注的问题，对文献进行分类。分类标准可以视具体情况确定，既可以是研究问题，也可以是研究理论，还可以是研究方法。

文献综述最忌讳文献罗列。如果仅仅是对前人的研究成果进行罗列，就会迷失在繁杂的研究中，既看不到学界的现状，也找不到自己的进路。要想看清学界的研究现状，首先要对自己研读的精品文献进行分类。

3. 归纳

完成分类的文献形成了不同的研究流派，可以看到学界中零散的个体，逐渐汇集成或大或小的学术群，他们一起讨论共同关心的问题，形成具有“对话”功能的“学术共同体”。我们需要总结归纳这些学者群（= 流派）的研究特色、研究贡献，学者们共同提出了哪些问题，他们运用了哪些理论、哪些方法，分别提出了什么观点，他们争论的最新问题是什么，有哪些非常重要的因素并未受到应有的关注，等等。

4. 评论

能够看到，当“归纳”完成之后，现存的问题就呼之欲出了，因此“评论”也就水到渠成了。

评论的内容包括当下的“学术共同体”就“研究主题”已经提出了哪些问题，回答了哪些问题，当前的热点和研究趋势是什么，哪些问题还没有讨论清楚，哪些问题被遗漏了，亟待解决的关键问题是什么，等等，由此发现学科发展的“前沿领域”和

“前沿问题”。

评论的关键是进行“批判性”评论。这一步是很难的，也是培养本科生“批判性思维”的关键所在。“批判性思维”建立在博览群书的基础之上，不是为了批判而批判。同时也要注意，任何研究都受到时代、空间、个人经历、研究条件的影响和制约，都是不全面的。换一个视角就会发现，权威学者的论文必定为后来者提出了新的问题，开拓了新的研究空间。权威学者不是研究的终结者，而是新的研究的拓荒者。因此，当代大学生要有初生牛犊不怕虎的精神，不断攀越巨人的肩膀，去触摸前人不曾触摸的高空。

（五）发现问题

通过文献批评寻找问题所在，即为“发现问题”。“发现问题”是论文的核心，也是“问题意识”的集中体现。

发现问题的形式主要有以下五种：①

（1）以前的学者尚未发现或研究不够完善的问题。

（2）以前的学者曾经提出两个以上互不相容的理论或观点，需要做进一步研究，才能解决这些冲突。

（3）过去的研究衍生出的新问题。

（4）过去的研究衍生出的新领域。

（5）过去的研究方法可以改善或扩展到新的应用领域。

通过文献批评，可以发现很多值得继续研究的“问题”，在其中选择自己最感兴趣的并且有能力解决的问题，“集中火力”，继续深挖。

（六）确定选题

针对自己选中的“研究问题”，寻找对这一问题的回答路径。

① 这几种形式参考了浙江工业大学万悦华教授关于学术论文写作的讲座。

在论文中，“确定选题”往往体现为这样的句子：因此，本文将在某某理论的指导下，采用某某方法，通过某某材料（文本），研究某某问题。

到这里，论文的“研究思路”已经初具雏形，包括了研究问题、研究理论、研究方法、研究材料等。

有的学生会想，我的基础薄弱，怎么知道如何进行研究？通过前面的“文献研读”和“文献批评”，我们已经从学界权威那里学习了各种理论、视角、方法，只要研读和批评做得足够扎实，就已经成为本领域的“小专家”了，完全有能力发现问题、回答问题，写出一篇优秀的学术论文。

三、撰写文献综述的注意事项

对于初学者来说，撰写文献综述有一定的难度。撰写文献综述时应注意以下事项：

（1）对前人研究的述评应尽量集中在论文“导言”部分，正文部分只写自己的研究，这样写起来思路清晰、行文流畅。虽然论文正文部分也可以根据需要论述或引用前人观点，但这种写法要求比较高，需要作者对学术史和写作技巧都具有高度的驾驭能力，否则很容易写得非常混乱。

（2）要把握文献综述的边界，紧紧围绕论文的“研究问题”展开文献综述，清晰呈现“研究问题”的生成逻辑。文献综述是“提出问题”且提出“一个”问题，应集中火力，不能漫无目的，把沾边的内容都写进来，甚至将整个领域的研究现状都写进来。这样会导致读者看完综述甚至不知道作者提出了什么问题，或者虽然看到了作者提出的问题，但完全搞不明白前面漫无目的的梳理是如何生成这样一个问题的。

（3）不要简单罗列文献。这是初学者最容易出现的问题。有些学生的文献综述会写成：甲提出 A 问题，乙提出 B 问题，丙提出C问题，因此我要研究D问题。这里虽然用了“因此”，但前后完全没有因果关系，“研究问题”似乎是无中生有的。写文献综述时，只要按照前文所述的“文献批评的步骤”，认真进行分析、分类、归纳、评论，就一定能写出不错的文献批评。

（4）要注意研读“精品文献”。任何一项研究都是在前人研究的基础上进行的，“前人”如果是巨人，论文就可能写出高度，“前人”如果水平不高，就基本不可能写出优秀论文。务必认真筛选精品文献，不能随便找几篇应付凑数。

（5）少用网络文章、百度知道、维基百科等参考资料。出于真实性、可靠性、前沿性、权威性等方面的考虑，尽量参考专业论文和专著等。根据课题不同，如果必须用网络资料，也务必用权威机构官方网站上的资料和数据。

（6）文献综述中出现的文献与参考文献的信息要互相呼应。文献综述中出现的文献没有被列入参考文献中，或者文献综述中根本没有分析的文献出现在参考文献中，都是不太合适的。没有呼应的文献是“伪文献”，有些期刊为了杜绝“伪文献”，甚至要求文末不写参考文献，在正文中提到该文献的地方直接采用脚注注明即可。

（7）要留心“想不明白”的地方。随着研读文献的增多，会发现“矛盾之处”“没看明白”的地方。这些没有现成答案的地方才是最有价值的地方，它们正是生成“研究问题”和“创新性论文”的源头所在。同学们务必留心“想不明白”的地方，不要错过写出精品论文的大好机会。

（8）要敢于突破导师的边界。有些学生受到导师成果的局限，在导师已经有所建树的领域徘徊，不愿意突破导师的成果，这是懒惰的表现。导师就是学生的“巨人”，年轻人要有时代担当，要勇于站在导师的肩膀上，触摸新的天空。

（9）务必注意引用的文献信息的准确性，包括作者名字、引用内容、引用页码等，这些信息出现错误是论文的硬伤。

四、常用数据库

（一）中文数据库

1. 中国期刊全文数据库（中国知网，CNKI）

https://www.cnki.net/

2. 中文社会科学引文索引（CSSCI）

http://cssci.nju.edu.cn

3. 万方数据知识服务平台

https://g.wanfangdata.com.cn/

4. 超星数字图书馆

http://www.chaoxing.com/

5. 人大复印报刊资料

https://www.rdfybk.com/

（二）日文数据库

1. CINNI

http://ci.nii.ac.jp

2. IRDB

http://irdb.nii.ac.jp

3. 日本国立国会图书馆

http://www.ndl.go.jp/

4. J-STAGE

https://www.jstage.jst.go.jp/browse/-char/ja

5. JAIRO

http://jairo.nii.ac.jp/

（三）常用图书馆

1. 国家图书馆

http://www.nlc.cn/

2. 北京大学图书馆

https://www.lib.pku.edu.cn/portal/cn

3. 清华大学图书馆

https://lib.tsinghua.edu.cn/

第6节　选题

【教学目标】

1. 理解论文选题的重要性。

2. 掌握在日语专业领域选择合适论文选题的方法和技巧。

【教学内容】

1. 选题的重要性。

2. 如何选题——选题六要素。

【重点与难点】

选题与时代命题。

【教学方法和策略】

讲授与案例分析相结合：展示选题方法。

【具体内容】

一、选题的重要性

选题是撰写毕业论文的第一步，论文选题如何，往往直接决定论文的成败。

学术论文的选题具有学术性、创新性和系统性等特征。学术性，即论文选题要具有鲜明的专业化特征，论文有具体的领域归属，这一领域的学者就是论文的对话对象；创新性，即论文在某一方面做出了前人未曾做出的贡献，不是低水平的重复；系统性，即论文要在宽广的研究视域中进行选题。因此，选题是具有专业门槛的，好的选题是具有专业难度的。

初学者往往体会不到选题的难度，觉得选题的过程不重要，重要的是选题后的撰写过程。“题好一半文”，一般认为，好的选题是论文写作成功的一半。

爱因斯坦说，提出问题往往比解决问题更重要，因为解决问题往往靠技能，而提出问题则需要创造性。贝尔纳说，提出课题比解决课题更困难。在问题意识的驱动下，选择一个好的题目，是论文撰写中最难的部分。

二、选题六要素

那么，应如何进行选题呢？

选题必须确定六个基本要素：①研究领域；②研究主题；③理论对话；④时代命题；⑤研究对象；⑥研究问题。

（一）确定“研究领域”

对本科生来说，没有既定的研究领域，夯实了语言文学功底的大四学生可以选择日语语言学、日本文学、区域国别研究、中日翻译等领域。学生首先根据个人兴趣选择研究领域和研究方向。

【例】选择“日本文学”。

（二）确定“研究主题”

“研究领域”是一个很宽广的范围。写论文是一个聚焦的过程，必须在宽广的“研究领域”中找到自己的“小小的”“研究主题”，也就是人们通常说的“大题小做”。

【例】在“日本文学”领域中选择“日本电影文学”分支，并进一步聚焦“新海诚电影”。

（三）与理论进行对话

无论是自然科学，还是人文社会科学，都是为了推进人类对大自然、对人类社会、对人类内心的认识，这依托于自然科学领域、人文社会科学领域的各种理论。我们进行科学研究，目的就是推进相关理论的创建和发展。因此，撰写学术论文，必然要求论文与相关理论进行对话，以推进理论的发展。

同时，在相关学科理论的指导下，能够对研究主题展开深入的研究。这要求学生在进入正式的学术研究之前，需要经过正规的学术训练，学习相关学科的常见理论。

【例】从“日本文学”领域研究“新海诚电影”，需要学习文学领域的相关理论。例如，我们可以从“叙事学”理论来展开研究。由此，选题细化到“新海诚电影的叙事”。

（四）回应“时代命题”

所有的学术研究都是为了回应时代命题，时代命题是学术研究的生命之源。例如，孔乙己脱离时代研究“回”字有多少种写法，就必然要被时代抛弃。

当下的时代命题是什么？学术研究肩负着何种使命？据统计，在国家社科基金和教育部人文社科一般项目立项中，2023 年研究背景的高频词包括人类命运共同体、中华民族共同体、乡村振兴、开放科学、共同富裕、数字化、数字经济、高质量发展、“双减”政策、大国竞争等，2024 年研究背景的高频词包括新时代、中华民族、人工智能、数字化、数据、绿色、发展、转型、高质量、融合、风险、对策等。从这些高频词中可以体会到时代脉搏与学术研究的密切关系。

【例】通过研究新海诚电影，可以回应我们面临的时代命题。新海诚电影里描述了各种灾害，从当下社会来看，自然灾害是人类共同的课题，通过“灾害”可以把“新海诚电影”这一研究主题与“人类命运共同体”“风险”等时代命题勾连起来，这样就可以进一步细化选题——“新海诚电影的灾害叙事”。

（五）生成“研究对象”

选题时要注意细致区分“研究主题”和“研究对象”。研究主题是某一事物，研究对象是研究主题的某一面向。一个研究主题往往具有很多面向，一篇论文必须聚焦到它的一个面向上，这就是我们通常所说的“一篇论文只讨论一个问题”。

【例】“新海诚电影”作为一种综合性的艺术形式，不仅具有文学性，还有音乐、美术、宗教、民俗等诸多面向，我们在一篇论文里只讨论一个面向。“新海诚电影”是研究主题，“新海诚电影的灾害叙事”才是具体的研究对象。

（六）生成“研究问题”

这里的“研究问题”是指问题意识观照下的带问号的句子，即“与理论进行对话”的问题。“问题”与“问题意识”的本质区别就在于是否“与理论进行对话”。

【例】如果提出问题：“新海诚电影中出现了哪些灾害？”通过对电影文本的细读与分析，回答“新海诚电影中出现了地震、雨灾、陨石撞击地球等灾害”，那么，对电影的理解还只停留在较浅的层面，并未与相关文学理论进行对话。因此，这是一个问题，不是问题意识。由此生成的只能是读书报告，而尚未形成真正的学术论文。

“新海诚电影的灾害叙事研究”这一选题所在的“研究领域”为“日本文学”，其理论依据为“文学理论”中的“叙事学”。因此具有问题意识的提问需要与“叙事学”进行对话。如果要与罗兰·巴特的“叙事三层次”理论进行了对话，就可以生成“新海诚电影灾害叙事在功能层、行为层、话语层的体现是什么？”这样一个提问，这个提问就具有问题意识了。

在以上的选题过程中，选题范围由大到小，逐步聚焦，先后经过了“日本文学→新海诚电影→新海诚电影的叙事→新海诚电影的灾害叙事→新海诚电影灾害叙事的三层次”，并初步形成了问题意识（一个带问号的句子）：“新海诚电影灾害叙事在功能层、行为层、话语层的体现是什么？”在后续论文撰写过程中，经过文本挖掘，对这一问题进行回答即可。

以上六要素相互勾连，并无严格的先后顺序，初学者往往先确定研究领域，再确定研究主题；具有学科融合视野的学者，会先确定研究主题，再确定研究领域；具有时代担当的学者，则会先确定时代命题，再确定研究主题……我们提倡学科融合、学科交叉，一名学者、一篇论文往往会同时归属于几个学科或几个研究领域，但提笔撰写时，一定要对这篇论文的学科归属、领域归属进行准确而清晰的定位，使论文落脚在“一个”领域，因为这关系到这篇论文要和哪个领域进行理论对话，进而影响到“文献综述”选择哪个领域、哪些文献。

例如，可以先确定研究主题“新海诚电影”，再思考把它放在哪个学科视野中进行对话和研究。如果将它放在“文学”领域，与叙事学进行对话，则可能生成“新海诚电影的灾害叙事”；如果将它放在“艺术学”领域，与电影学进行对话，则可能生成“新海诚电影的灾害美学”；如果将它放在“民俗学”领域，与灾害学进行对话，则可能生成“新海诚电影的灾害民俗”；如果将它放在“社会学”领域，与政策学进行对话，则可能生成“日本的灾害应急体制研究——以新海诚电影为例”。

将研究主题放在不同的研究领域（学科视野）中，对话对象不同，关注点不同，就会生成不同的研究对象和问题意识，并生成完全不同的学术论文。从这一点来说，学科之间既有融合、交叉，也有清晰的学科界限。

三、选题时的注意事项

选题时还有一些需要注意的事项。

（一）热门选题与冷门选题

热门选题往往与当下的社会热点相关，现实意义和实践意义明显，参考资料多，容易收集资料；但是资料过多，不仅在甄别和梳理方面需要花费很多时间，而且论文写出来往往会大同小异，不容易创新。

冷门选题与热门选题相反，往往是“冷门绝学”，需要坐冷板凳、慢工出细活，往往和现实略有距离，因此在现实意义方面需要多花些心思。冷门选题因为研究人员较少，因此参考资料也少，不容易收集资料；但是一旦收集到合适的资料，就很容易写出有新意的内容，在材料方面和结论方面往往都会有所创新。

可以说，热门选题与冷门选题各有优劣，可以根据自己的性格、兴趣进行选择。

（二）大题与小题

大题范围宽广，不容易聚焦，面面俱到则容易蜻蜓点水、泛泛而谈、浅尝辄止，只写一面又会有所偏颇。大题目往往用于丛书，中题目一般用于专著，论文一般采用小题目。

小题往往容易聚焦，在一篇论文的篇幅中往往就可以把问题做深、做透。但要想把小题目写得有长度、有深度是很难的，很考验作者的学术水平和学术视野。

因此，我们在论文写作中不建议“大题小做”，而提倡“小题大做”。

（三）读书与交流

要做好论文选题，不仅要认真读书，做好文献综述，更要多向外交流。包括与同学交流、与导师交流，积极参加研讨会、讲座、沙龙、工作坊等，在与他人的交流中常常可以发现有价值的选题。要多交流、多沟通，参与到“学术共同体”的对话中来。

第 7 节　创新点和题目

【教学目标】

1. 理解创新的重要性。

2. 掌握论文创新的方法，培养学生的创新思维。

3. 掌握创新点和题目之间的内在联系。

4. 掌握凝练题目措辞的方法。

【教学内容】

1. 论文创新的意义。

2. 论文创新的方法——创新五点。

3. 题目的确定——题目五要素。

【重点与难点】

1. 论文创新的方法。

2. 题目的确定。

【教学方法和策略】

1. 案例分析：分析真实案例，学生参与讨论，探讨其创新何在、题目体现了论文的何种创新。

2. 小组讨论：分享对论文创新的理解和看法，以此评估学生对于论文创新的理解水平。

【具体内容】

学术论文的评价标准之一是“创新性”，“创新”是衡量学术论文水平的重要指标，在开题报告和项目申请书中专门留有一处要填写“创新点”。

那么，学术论文可以从哪些方面进行创新呢？

学术论文是由提出研究问题、在研究理论的指导下、运用科学的研究方法、以研究材料为案例、得出结论回答问题五个环节链接而成的逻辑闭环，包括了“研究问题”“研究理论”“研究方法”“研究材料”“研究结论”五个逻辑点，这五处创新就形成了五个创新点，即新问题、新理论、新方法、新材料、新结论。

一、创新五点

（一）新问题

在新问题、新理论、新方法、新材料、新结论这五个创新环节中，新问题是难度最大的，也是贡献最大的。正如我们在“选题”部分讲到的，发现问题比解决问题更难、价值更大。

新问题，是在“研究问题”方面的创新，即发现新问题。新问题的发现往往会带来“研究领域”的拓展，开辟出新的研究空间，进而填补某学科、领域或方向的研究空白。

“新问题”有两种模式：

第一，学者在自己的研究领域长年深耕，发现了他人未发现的新问题。

【例】《成熟的江户》[①]——“民众”的发现

长期以来，历史学中受重视的是“精英史”，人们提到历史，首先会想到王侯将相，历史阶段的分期标准也往往是朝代的更替，民众往往只出现在农民起义中。“民众”的“生活”或者“生活”的“民众”，是被遗忘的。东京大学日本近世史学者吉田伸之在《成熟的江户》一书中对日本江户时代的“民众”——农民、渔民、商人、手工业者、艺人等在社会中扮演的角色进行了系统的考察，此书是“发现民众”的“民众史”研究中的优秀著作。“民众”的发现推动了“民众史”“生活史”的研究，为历史学、民俗

① 吉田伸之．成熟的江户［M］．熊远报，等译．北京：北京大学出版社，2011.

学、城市学等学科领域开辟了崭新的研究空间。

第二，通过学科交叉、学科融合，借用其他学科领域的研究视角，发现本学科领域待研究的新问题。

每个学科领域都有自己的学科本位，会从自己的视角进行专业研究。或者说，同一“研究主题”放到不同的研究领域，会采用不同的研究视角、研究方法，得出不同的结论，即“一千个人眼中有一千个哈姆雷特”。

【例】研究主题：“一枝玫瑰花”

不同学科会有不同的研究取向。

（1）生物学领域，可以从门、纲、目、科、属、种进行界定。

（2）文学领域，可以从玫瑰花到爱情进行升华。

（3）艺术学领域，可以从红与绿的色彩搭配进行美学研究。

（4）哲学领域，可以从花与刺的辩证关系展开论证。

（5）宗教学领域，可以从一花一世界的佛教世界观进行阐发……

【例】研究主题：《落洼物语》

在“文学”这样“一个”学科领域中，不同的“研究领域”也会产生不同的研究取向。

（1）古典文学领域，这是一部贵族物语文学，可以研究其中的人物形象、叙事形式等。

（2）民间文学领域，这是世界性的灰姑娘类型民间故事在日本的文本呈现，可以研究故事形态、故事传播路线等。

（3）文艺民俗学领域，这是一部民俗文学，展开了贵族的生活画卷，可以研究日本平安时代的婚姻礼俗等。

（4）宗教文学领域，可以研究佛教思想在古代日本的传播状况……

在“新问题”方面，有两个需要注意的地方：

（1）一个研究问题，放在不同的研究领域，决定了其后续的写作路径。在提笔之前，一定要想好放在哪一研究领域，这决定了学术论文要在哪个学术领域做出贡献，论文是写给谁看的、是与谁对话，因此也决定了文献综述的内容，决定了创新点所在。

（2）对社会共同关注的“研究主题”，各个学科都可以参与对话，从多个研究视域进行多侧面、多层次的深入研究，从而促进跨学科融合研究，促进学术共同体的形成和发展。

（二）新理论

《习近平谈治国理政》中指出，要加快构建中国话语和中国叙事体系，用中国理论阐释中国实践，用中国实践升华中国理论，打造融通中外的新概念、新范畴、新表述，更加充分、更加鲜明地展现中国故事及其背后的思想力量和精神力量。[①] 在当代，我们要深刻理解新理论及中国理论的重要性。

新理论，是在“研究理论”方面的创新，即对学科领域既有的理论进行完善、发展和突破，乃至提出崭新的理论。新理论往往为人们提供新的研究视角，带来新的研究结论。

学术论文按照其内部的逻辑展开方式，可以分为两种类型，即归纳型和演绎型。这两种类型代表了两种研究模式，也代表了论文写作的两种路径：第一种路径是从个案（形而下）到理论（形而上），常用“归纳法”；第二种路径是从理论到个案，常用“演绎法”。归纳生成的理论、结论不一定正确，但是具有很强的创新性，具有重要的学术价值；演绎法生成的论文，只要理论是对的，结论一般就是对的，但是创新度比前者要小得多，学术价值也比前者低。

理论创新包括三种模式：理论独创、理论移植和理论挪用。

① 习近平．习近平谈治国理政：第四卷［M］．北京：外文出版社，2023：68.

1. 理论独创

通过案例研究，从案例层面上升至理论层面（归纳法），提出新理论。这一模式对作者的理论修为要求很高，对初学者来说一定是困难的。

【例】《农业内卷化：印度尼西亚的生态变化过程》（*Agricultural involution: the processes of ecological change in Indonesia*）①

美国人类学家格尔茨通过对爪哇的水稻农业进行实地调查，发现在殖民地时代和后殖民地时代的爪哇，农业生产长期以来原地不动，未曾发展，不能提高单位人均产值，只是不断地重复简单再生产。他将这种社会或文化模式在某一发展阶段达到一种确定的形式后，便停滞不前或无法转化为另一种高级模式的现象称为“农业内卷化”。这便是“内卷”一词的来源。现在，内卷这一理论视角已经超越农业，被广泛应用于各行各业，成为非常流行、非常普及的“理论”和“概念”。

2. 理论移植

将其他学科领域的研究理论移植入本学科领域，推进本学科领域的研究，进而创立生产出本学科领域的指导性理论。这一模式要求学者多进行跨学科学习，并进行理论思考，构建理论框架。

【例】《故事形态学》②

俄国形式主义创始人普罗普在学习了歌德的植物形态学后，认为不仅植物有“形态学”，故事也应该有“形态学”。于是，他通过对俄国民间故事的采集和分析，创立了“故事形态学”。故事形态学不仅是普罗普创立的故事学研究理论，而且拓展了对故事

① GEERTZ C. Agricultural involution: the processes of ecological change in Indonesia [M]. Berkeley: University of California Press, 1963.

② 普罗普 . 故事形态学 [M]. 贾放，译 . 北京：中华书局，2023.

进行“形态研究”的领域和空间。中国民间文艺理论家刘魁立留学俄国师从普罗普，回中国后，他通过采集分析“狗耕田”的故事，创立了具有中国特色的“故事形态学”研究理论——“生命树”理论。

3. 理论挪用

将其他学科领域的研究理论挪用于本学科领域，指导本学科领域的案例分析，推进本学科领域的研究；或者将研究理论应用于新的研究对象，推进对研究对象的研究。这一模式只是将其他领域的理论用于指导本学科领域的研究实践，但并未产生新的理论，因此难度相对较低，初学者可以大胆尝试。

【例】《神话与日本人的心灵》①

日本神话心理学者河合隼雄曾师从西方神话心理学派代表人物荣格，河合隼雄将荣格分析西方神话的方法应用于分析日本神话，开创了日本神话的心理学分析空间。

在“新理论”方面，有三个需要注意的地方：

（1）在进行理论独创时，对理论的名称用词要认真斟酌，尽量兼顾学术与通俗。例如，“内卷”一词的本义是树叶枯萎时不断生长却不断向内卷，由此比喻生长的无效性。这一用词生动形象、通俗易懂，推动了这一理论的传播。类似的例子还有“木桶理论”“囚徒困境”等。

（2）随着时代的发展，可以对现有理论进行补充、拓展。例如，从“全球化”到“去全球化”，从“殖民主义”到“后殖民主义”。理论拓展也是重要的理论创新。

（3）要站位学科交叉，关注各学科的理论发展动态。

---

① 河合隼雄. 神话与日本人的心灵 [M]. 王华，译. 北京：生活·读书·新知三联书店，2024.

（三）新方法

人类区别于其他动物的本质是擅长使用工具。随着时代的发展，人类不断创造出各种工具，在学术研究方面，则不断创造出各种研究工具和研究方法。真正优秀的学者，必须紧跟时代潮流，学习使用新的工具和方法。

新方法是在“研究方法”方面的创新，包括两种模式：方法独创和方法挪用。

1. 方法独创

【例】《西太平洋上的航海者》[①]

功能学派创始人、英国社会人类学家马林诺夫斯基曾因第一次世界大战爆发而滞留在特罗布里恩群岛，不得不对当地进行长期的调查，由此创立了田野调查法和参与观察法。这些研究方法后来成为文化人类学研究方法的典范，并使文化人类学的研究进入“科学民族志”阶段。

2. 方法挪用

方法挪用是指将其他学科领域的方法用于本学科领域，带来突破性的进展。

【例】《熊图腾：中华祖先神话探源》[②]

马林诺夫斯基创立的田野调查法和参与观察法不仅成为文化人类学研究方法的标配，更被转用于文学等学科领域。文学的传统是重视文本，重视文字资料，田野调查法和参与观察法的引入使文学也开始重视实地调查，重视图像资料、活态资料等，并形

① 马林诺夫斯基．西太平洋上的航海者［M］．弓秀英，译．北京：商务印书馆，2017.

② 叶舒宪．熊图腾：中华祖先神话探源［M］．西安：陕西师范大学出版社，2018.

成了交叉领域——文学人类学。上海交通大学叶舒宪的《熊图腾：中华祖先神话探源》一书以专题调研的笔记方式，考察了中华熊图腾神话的始末，解密熊神图腾崇拜，探寻中华祖先神话之源，进而提出了“四重证据”的研究方法，使实地调查的各种资料成为文字资料的有力补充。

当下，数字化、人工智能成为崭新的研究工具，如何运用这些工具促进我们的研究，是非常值得探索的学术空间。

（四）新材料

新材料，是指在“研究材料”方面的创新，其价值往往体现在“关键性证据”方面，因此新材料的创新性多体现于历史学、考古学等领域。通过新材料、新证据，可以进一步支撑、巩固或推翻原有假设、既有观点。

【例】《日中领土争端的起源：从历史档案看钓鱼岛问题》①

关于钓鱼岛的归属，此书提供了重要史料《顺风相送》，据其记载，钓鱼岛是中国的固有领土。由此可见，在历史学领域，“新材料”具有重要的证据价值。

“新材料”在文学领域一般不被认可，用新的文本证明原有的理论、观点，一般被认为是低水平的重复。

（五）新结论

新结论，是在“研究结论”方面的创新。人们发现新问题、提出新理论、运用新方法、使用新材料，都是为了得出新结论。新结论、新观点，是学术论文的最终落脚点。

---

① 村田忠禧．日中领土争端的起源：从历史档案看钓鱼岛问题［M］．北京：社会科学文献出版社，2013.

【例】《町人伦理思想研究：日本近代化动因新论》[①]

日本的近代化取得了令人瞩目的成就。关于日本近代化的动因何在，学界有各种观点，如认为其动因是西学、儒学、佛学、国学等。北京大学刘金才从町人伦理思想研究着手，结合马克斯·韦伯的《新教伦理与资本主义精神》，扎根于史料研读，提出江户时代的町人伦理思想是日本近代化的动因所在。

（六）创新的融合

以上五种创新，学术论文中能有一种就已经难能可贵了。高质量的研究甚至会有 1 ～ 3 种创新。

【例】据《中国科学报》介绍，2022 年 9 月 28 日，中国科学院院士、中国科学院古脊椎动物与古人类研究所研究员朱敏的团队在《自然》同一期发表了 4 篇论文，重建了一个志留纪早期“水族馆”，震惊了整个古生物学界。

朱敏团队的巨大贡献归功于三种创新：

第一，新材料。他们找到了几亿年前的化石，这些化石的发现和研究，为解决许多悬而未决的争议问题、重建有颌脊椎动物的早期演化历史，提供了非常重要的依据。

第二，新方法。他们的研究采用了全新的拍照技术——全光位拍摄。这种技术原本是法医用来做笔迹鉴定的，用在古生物成像领域，可以全方位地呈现一个化石细微部位的三维结构，避免人为打光的主观成分，给出作者内心想要呈现的化石样貌。

第三，新结论。他们得出了颠覆性的结论：人类有可能由鱼类进化而来。

正是上述三方面的巨大创新，使该团队在世界级顶刊《自然》

① 刘金才．町人伦理思想研究：日本近代化动因新论［M］．北京：北京大学出版社，2001.

上实现了“一键四连”。

总之，创新是论文的生命，如果论文没有创新，相当于非常规范地写了一篇废话。而现实中，这种“规范地写了一篇废话”的论文是很多的。我们学习了创新的方法之后，一定要以创新为目标，大胆尝试，不断突破。

二、题目五要素

学术论文最重要的价值是创新。题目是学术论文全文内容的高度浓缩，需要在有限的字数内最大限度地呈现论文的价值，因此，论文的创新点必然会出现在题目中。学术创新有五个创新点，由此形成了论文题目的五要素：研究问题、研究理论（视角）、研究方法、研究材料、研究结论。

一篇论文一般会有 1 ～ 3 处创新点，这些创新点一定要出现在题目中。如果论文只有一处创新点，论文题目也可以只包含五要素中的一个。不过一般来说，论文题目中包含五要素中的三个为佳。

【例】《灰姑娘的两次婚姻》①

北京大学陈岗龙通过分析比较灰姑娘的故事文本，得出结论：故事文本体现了婚姻仪式，灰姑娘故事的复合型结构中存在两次婚姻的印记：第一次婚姻可能是普罗普所说的“小妹妹的婚姻”，第二次婚姻才是真正的一夫一妻制的婚姻。灰姑娘的故事可能有更为古老的文化起源。这篇论文的理论指导是文艺民俗学，研究方法是文本分析法，研究材料是灰姑娘的民间故事，研究问题是“灰姑娘的故事文本体现了何种婚姻文化？”这四点都属于传统研究，此论文最核心的创新和亮点就是结论创新：灰姑娘经历了两次婚姻，体现了两种婚姻制度。因此，此论文直接以结论为题目，

① 陈岗龙．灰姑娘的两次婚姻 [J]．民族艺术，2021（4）：30–44.

让人耳目一新，很想一睹为快。

【例】以“新海诚电影”为主题词，试比较下列几个题目。

（1）《新海诚电影研究》——只有研究材料（新海诚电影），看不出其他内容。题目太大，可以从不同视角切入写出一系列论文，进而形成一本书。

（2）《新海诚电影的叙事研究》——有研究材料（新海诚电影）、研究理论（叙事学），但题目还是有些大，看不到细节，看不到创新点所在。

（3）《新海诚电影的灾害叙事研究》——有研究材料（新海诚电影）、研究理论（叙事学）、研究对象（灾害），“叙事”已经缩小为“灾害叙事”，是一个不错的开题报告的题目。待论文完成后可以根据研究结论再调整论文题目。

（4）《新海诚电影的灾害叙事三层次研究》——有研究材料、研究理论、研究对象，其中研究理论“叙事学”还细化到了“叙事三层次”理论。从这一题目可以猜想，论文内容应该是在“叙事三层次”理论指导下，分析新海诚电影中灾害叙事的三个层次。是一个不错的开题报告题目，待论文完成后可以根据研究结论再调整论文题目。

【例】以“从文艺民俗学的视角研究《落洼物语》”为选题，分析“题目五要素”。

（1）《〈落洼物语〉中的婚俗研究》——《落洼物语》是“研究材料”，“婚俗”是“研究对象”。出现了两个要素，题目一般。同时，由于没有出现理论指导，只看题目的话，很容易写成读后感，不具备学术高度。

（2）《文艺民俗学视角下的〈落洼物语〉研究》——“文艺民俗学”是“研究理论”，《落洼物语》是“研究材料”。出现了两个要素，题目一般。在文艺民俗学的理论指导下，可以研究文本中的衣食住行、节日习俗、人生礼仪等，本文具体是要研究什么呢？

答案不够清楚。也可以认为，这一题目太大，是一本专著的容量，如果写成一篇论文，就有些大题小做了，很容易蜻蜓点水、面面俱到，写成一篇低水平的学术论文。

（3）《文艺民俗学视角下〈落洼物语〉的婚俗研究》——“婚俗”是“研究对象”。出现了三个要素，研究思路基本清晰了，题目不错。

一般来说，当五要素中出现三要素时，学术论文的基本脉络、写作思路就显现出来了，很容易写出达标的学术论文。如果论文题目中只能出现两个要素，不能出现第三个要素，说明对论文的构思还比较模糊，读的书还不够多，请继续读书、继续思考吧，不久你就会发现第三个要素啦！

由于创新点和题目有如上的紧密关联，很多专家学者说，一看题目这十几个字，就知道全文是否有价值、有多大价值了。在项目申请中，很多项目直接看题目就大致知道其是否可以入选。因此，虽然选题早早地就定了下来，但是对于论文题目、项目题目，不到最后提交时刻，其措辞都是要绞尽脑汁不断打磨、不断精修的。

总之，学术创新有五个创新点，分别是：①研究问题；②研究理论；③研究方法；④研究材料；⑤研究结论。这五点也是论文题目的五要素。学术论文一般会有 1 ～ 3 处创新点，这些创新点要集中体现在题目中。如果有一个创新点十分耀眼，直接以这一个创新点命题即可。不过对于初学者来说，论文题目以包含三个要素为佳。凝练这三个要素的过程，也是不断清晰呈现写作思路的过程。特别是提交开题报告的时候，如果题目中还不能出现三个要素，说明进度落后了，还没有达到“中间发表”的要求。

第 8 节　核心概念和研究设计

【教学目标】

1. 理解论文写作中界定核心概念、概念结构化的重要性。

2. 掌握界定概念、建构概念、概念结构化的方法。

3. 学会依据核心概念进行研究设计。

【教学内容】

1. 概念的重要性、模糊性、建构性。

2. 概念的结构化。

3. 研究设计的常见模式。

4. 研究设计的步骤。

【重点与难点】

1. 重点：界定概念。依据核心概念进行研究设计。

2. 难点：核心概念结构化。

【教学方法和策略】

1. 讲解与讨论：理解核心概念的作用，并展开研讨。

2. 案例分析：呈现不同学科领域的论文案例，让学生分析其中的核心概念和研究设计。

【具体内容】

通过文献综述确定选题后，论文的研究问题、研究理论、研究方法、研究材料等就基本确定下来了。那么，之后如何进入课题研究呢？

学术论文是要和理论对话的，论文的理论性集中体现在概念上，学习论文写作必须有“概念意识”。一篇论文往往围绕一个核心概念，搭建研究框架，进行研究设计。

一、核心概念

概念对学术写作来说是非常重要的，但是概念又具有模糊性、建构性，这往往是初学者注意不到的。

（一）概念的重要性

学术论文通过案例进行理论研究，理论建设是论文的目标。理论由概念组成，概念是理论的基础。

一篇学术论文研究一个问题。前文讲道，这个问题是问题意识，是和理论对话的一个学术问题，因此往往会对应一个“概念”。论文将全文围绕这一核心概念展开论述，进行知识生产。

概念连接着案例和理论。

（二）概念的模糊性

首先，我们在语言学概论中曾经学习过，所有的形容词都是模糊的。

例如，什么是“美”？谁是班里最“美”的女孩？什么是“帅”？谁是班里最“帅”的男孩？每个人的答案都可能不一样。

例如，什么是“微辣”？四川人和北京人的答案会不一样，四川人和湖南人的答案也会不一样。每个省、每个市、每个人的答案都会不一样。

其次，名词也是模糊的。

例如，“我要吃面”和“我去买面”，“面”到底是什么？是熟面条、生面条，还是面粉？“饭好了”，是米饭蒸好了，还是饭菜做好了？语境不同，上下文不同，含义也就不同。

例如，“白菜”是什么菜？是大白菜、小白菜、娃娃菜、奶白菜，还是油菜？“崽子”是骂人的话，还是对小孩子的爱称？地域不同，相同的能指，会有不同的所指；相同的所指，也会有不同的能指。

最后，动词可能也是模糊的。

例如，我们说“老人死了”，尼采说“上帝死了”，臧克家说“有的人活着，他已经死了；有的人死了，他还活着”，到底什么是“死”？

生活中的概念是模糊的，同样，学术概念也是模糊的。要弄清楚其具体含义，必须进行概念界定。

【例】“文学”的概念。

发生了最为重要的文类变更的，大概在于文学本身的定义。“文学”一词最初出自孔子的《论语》，在其中的含义是学问、研究或学者（特别是儒教的学者）。到了19世纪70年代初，明治初期的西方学学者西周（1829—1897年）在《百学连环》中将“文学”一词用于19世纪西欧的literature一词的翻译，这是以创作文学、想象力所创作的“文学”这一含义在日本首次被使用。在近代以前，佛学、（包含儒学、汉诗、中国史的）汉学及（以和歌为中心的）和学都属于广义的文学范畴，也就是说，文学意味着拥有足以作为学问对象、纳入课程体系之中的高度评价的著述。在明治时期，“文学”一词包含了两个概念：一个是与上述传统的学问概念相互重合的人文学的广义概念；另一个是重点表达人类情感的、由想象力创作的著作这一狭义概念。在这期间，发生了向后者的急速的意义转换，这是因应欧洲的文学概念的转换而发生的变化，欧洲18世纪作为人文学的文学概念，转换成了由想象力创作的著作这一19世纪的文学概念。①

这里梳理了在中国和西方的影响下，日本形成的两个“文学”概念：一个是广义的“人文学”，另一个是狭义的“文学”。

---

① 白根治夫，铃木登美．被创造的古典：经典建构·国民国家·日本文学［M］．何卫红，译．北京：外语教学与研究出版社，2021：11.

【例】“世代”的概念。

“世代（generation）”一词在大众性的讨论中用得比较含糊，以至于好几种不同的意思往往相互混淆在一起。在日常语言中，该词被用来指代自然更替序列中的一员，如祖父母、父母、子女、孙辈等。传统上一般认为世代之间以三十年的间隔演进（即“脉搏率假说”）。涉及一个社会的人口结构时，“世代”一词（尽管“队列”可能是更正确的术语）被用于指代统计学意义上的群体，即出生于相同年份，或者相同五年乃至十年期间的一群人。不过，源自人文社会科学对于该词的新理解，现在已经变得颇为普及。“世代”被定义为一种具有如下特征的社会群体：其成员都是在同一个具有独特形塑作用的历史时期长大的。通常情况下，这样一种世代认同贯穿于其成员生命的始终，因为他们（主要在青春期）经历了剧烈的突变和新的开始，因而共享某种特定的惯习（“印痕假说”）。①

这里梳理了“世代”的三种含义：①日常语言中指祖孙自然更替序列中的一员；②社会统计学意义上指出生于相同年份区间的人群；③人文社会科学上的新含义指被共同形塑的一群人。

从上面的例子可以看出，概念存在个人差别、地域差别、时代差别、维度差别、学科差别等，每个概念都是模糊的。初学者一定要留心概念的模糊性：“我知道你知道，但我不知道你知道的和我知道的是否相同。”因此，作为“科学”的学术论文，在涉及核心概念时，一定要进行界定，即“界定概念”或“下定义”。界定概念是为了为我所用——“我不要你觉得，我要我觉得。”

（三）概念的建构性

每个概念都是模糊的，学者在学术论文中进行科学研究，必

① 罗伊勒克．世代 / 世代性、世代传递与记忆［C］// 埃尔，纽宁．文化记忆研究指南．李恭忠，李霞，译．南京：南京大学出版社，2021：119.

须使概念清晰化，因此必须进行概念界定。既然是从众多含义中择其一，或者自创，那么这一概念一定是建构性的。鲁迅先生说："其实地上本没有路，走的人多了，也便成了路。"论文作者们说："世上本没有这个概念，我写了这篇论文，便有了这个概念。"

1. 日常生活中概念的建构

日常生活中和学术研究中，到处都有"概念的建构"。我们先来看一下日常生活中概念的建构。

【例】"钻石恒久远，一颗永流传。"

这是珠宝公司戴比尔斯在 1951 年所用的广告词，英文原文为"A diamond is forever"。1993 年征集中文翻译，定稿为："钻石恒久远，一颗永流传。"由此成功建构起"钻石 = 永恒的爱情"这一概念，成为广告语中的经典案例。从此，结婚的男女们一定要买钻戒，因为那不是钻石，而是对爱情永恒的许诺。后来，一些男士觉得花几千元甚至上万元买个小小的"石头"十分不值，便又有男士站出来安慰说："你买的不是钻石，是你老婆一辈子不因为钻石唠唠叨叨。"从此男士们为"钻石 = 老婆不唠叨"爽快买单，而女士们也得到了"钻石 = 爱情永恒"。这样，关于钻石这一概念的内涵，广告商、女人们、男人们，分别完成了具有自我主体性的概念建构。

类似的例子还有"哥喝的不是咖啡，是寂寞。""哥喝的不是酒，是不经意间对生活的迷惘。""你买的不是一件衣服，是时尚。""你买的不是一个包（车），是一种身份。"概念的建构被广泛应用于商业广告、个人标榜之中。让我们甘愿付费的不是物品，而是建构在物品上的概念。

2. 学术理论中概念的建构

生活中的从物品到概念，和学术研究中的从案例到概念、从形而下到形而上，是一致的。因此，大家也可以尝试建构学术研究中的概念和理论。

概念的建构，大致有如下几种方法。

（1）独创。

【例】"熵"的概念建构。

熵（Entropy；Entropie）的概念由德国科学家克劳修斯于19世纪中期提出，我国物理学家胡刚复于1923年将其译为"熵"。熵起初是一个描述系统热力学状态的函数，后来发展为系统混乱程度的量度。在孤立系统中，体系与环境没有能量交换，体系总是自发地向混乱度增大的方向变化，总是使整个系统的熵值增大，此即熵增原理。熵增带来混乱，熵减归于有序。

熵的概念来自学者的独创。

（2）生活词汇的学术化。生活中常用的词汇，在学术语境下为它赋予崭新的学术意义，就是生活词汇的专业化。

【例】"传统的发明"的概念建构。

"传统的发明"源自英国著名历史学家、社会史家霍布斯鲍姆的名著《传统的发明》[①]。作者用翔实的材料揭示出，传统不是古代流传下来的不变的陈迹，许多我们认为由来已久的传统，实际上都是相当晚近的发明。

"发明"本来只是一个普通的生活词汇，霍布斯鲍姆独具匠心地将它与"传统"搭配，形成了崭新的学术意义。"传统的发明"是历史学、宗教学、政治学、文学等领域的重要理论。

（3）学术概念的增生。当一个学术概念生成之后，为它添加一些附加要素，即可生成新的学术概念，形成概念系列、概念群。

---

① 霍布斯鲍姆，兰杰．传统的发明［M］．顾杭，庞冠群，译．南京：译林出版社，2022.

【例】“主体间性”的概念建构。

“主体间性”的概念起源于胡塞尔。“主体性”是一个哲学概念，在“自我”与“他者”的关系中审视“主体性”时，形成“主体”与“客体”的关系；在“自我”与“自我”的关系中审视“主体性”时，形成“主体”与“主体”的关系。这种“主体”与“主体”的关系即为“主体间性”。主体间性强调个体与个体之间是相互独立、相互平等、交互合作的关系。

“主体间性”是由“主体性”附加了“间”字而成，与“主体性”形成一组概念群。

（4）学术概念的移植。把A学术领域的概念移植到B学术领域，生成新的意义和理论体系。

【例】“形态学”的概念建构。

“形态学”一词源自歌德的《植物形态学》。普罗普将“形态学”移植于故事学领域，创造了“故事形态学”的理论体系，他也成为俄国形式主义的奠基人。

【例】“生态”的概念建构。

“生态”一词源自生态学。作为学术术语，“生态”一词现在已经进入全部的学科领域，形成了语言生态、教育生态、翻译生态等各类专业概念。

【例】“记忆”的概念建构。

“记忆”一词源自心理学，最近已经进入社会学、文化学、宗教学、人类学、政治学等领域，产生了集体记忆、社会记忆、文化记忆、宗教记忆、民族记忆、国家记忆等概念。

3. 概念界定的写法

关于概念界定的写法，不一而足，常见的写法如下。

关于X概念，一般有如下几种含义：在A领域，是a之义；在B领域，是b之义；在C领域，是c之义……本文将其放在P

领域，认为其是 p 之义。

由此完成概念的文献综述（a ～ c 等）与自我建构（p），这一过程也是与学术共同体对话的过程，体现了自己论文的价值所在。论文写作则在 X 概念 p 含义的逻辑框架中，进行正文的研究设计。

这里需要注意：a、b、c 等含义并不是简单地查询普通辞典，学术论文进行概念界定，务必查找专业辞典，如《文学辞典》《社会学辞典》《宗教学辞典》等。除了查询专业辞典，还需要关注学科理论动态，研读权威论文、专著，撰写关于概念的文献综述。

下面是一份拙稿，曾发表在“浙商大东亚研究”公众号“东亚民俗研究”栏目（略有删改），尝试对“民俗”一词中“民”的概念界定进行了整理，供参考。

“民俗”之“民”是谁

民俗之民，到底是谁呢？

下面，我们分别看一下日本、欧美、中国民俗学中的民是谁。

日本民俗学之父柳田国男说，民俗之民是“常民”。说起民俗，人们的脑海里往往浮现出“精英”与“民众”的二元对立结构。民俗民俗，民一定是“俗”的，雅的是“精英”，是不在民的范畴里的。关于“民”的用词，有“民众”“人民”“平民”“庶民”等，但这些词往往携带着社会史、政治史的色彩，都是在精英民众的二元对立结构中使用的，因此，都不符合柳田的设想。

柳田所说的民俗之民，是 common people（常民）之意。首先用英文表达出来，是由于柳田对民的意义的构想灵感来自他在第一次世界大战后代表日本政府参与海外委任殖民统治的经历。而这一表达“普通人”的“常民”一词，也是柳田根据英文创造出来的词汇。

在柳田民俗学的初期，“常民”一词是一个实体概念，它是与“山民”“海民”相并立的、以稻作农耕生活为主的“农民”为实体的。在这一时期，柳田民俗学的关注点逐渐由“边缘民”转向“主体民”。到了第二次世界大战之中和之后，柳田民俗学的关注点又逐渐转向“国民”，“常民”一词就逐渐脱离了农民，成为“日本式的普通人”之意。或者说，这时候，常民已经成为“精英”与“民众”的上位概念，它已经超脱于实体概念，发展成为一个文化概念了。举个例子，天皇也过一年四季的传统节日，也过传统的人生礼仪，因此，天皇也是常民。

关于欧美和中国的民俗之民是谁，黄景春在《中国当代民间文学中的民族记忆》[①]一书的绪论中做了比较系统的梳理，介绍如下。

1977年，美国民俗学家邓迪斯发表论文 *Who are the Folk*，户晓辉将其概括为“民在文明的精英和未曾文明的野蛮人之间占据一个中间的位置”，是乡下人、受教育较少的人。后来，这种观点受到了质疑，邓迪斯就修正了他的观点，将“民”重新解释为“具有共同传统的任何职业群体中的人”。

在中国，1922年北京大学创办《歌谣周刊》，在“发刊词”中说这是“国民心声的选集”，民是“国民”。1928年中山大学《民俗周刊》“发刊词”中，民是指“平民”。1949年，钟敬文在给民间文学下定义时说，民是劳动人民。改革开放之后，这种限定也逐渐被突破，1983年，钟敬文说，一个国家的风俗是民族的。20世纪90年代之后，高丙中又将其拓展至全民。黄景春说：“过去一向被排斥在民之外的帝王将相，难道就不了解神话传说，不懂方言俗语？”

---

① 黄景春．中国当代民间文学中的民族记忆［M］．上海：上海大学出版社，2020.

由此可以看出，欧美、日本、中国民俗学中，民俗之民都已经脱离了“民众”“平民”之义，走向了更广阔的民族、全民之义，而文化精英们也早已责无旁贷地承担起民俗之责。简言之，从这一意义上来说，《源氏物语》就毫无疑问地具有了“民”俗史料的价值。

（四）如何生成一个好概念——概念的结构化

界定概念不是为了界定而界定，不能泛泛而谈，通过概念界定，不仅要解释清楚概念的实际含义，使概念的内涵变得清楚、具体，而且要通过几个子概念使概念的内部结构也清晰地呈现出来，实现概念的结构化。这样的概念，才能称得上是好概念。好的概念，可以结构化，具有可操作性。

【例】信达雅、神似、化境。

我国传统翻译理论中，关于评价翻译优劣的标准，较有代表性的概念有严复的“信达雅”说、傅雷的“神似”论和钱钟书的“化境”说。

这三个概念相比较，“信达雅”分为清晰的三层次：信、达、雅，人们评价翻译时，首先看准确度，其次看流畅度，最后看雅致度。“信达雅”这一概念内部结构清晰，为人们评价翻译提供了清晰、规范、科学的操作步骤，按照这一标准进行评价，每个人都会采取基本一致的步骤。

而“神似”和“化境”，其含义虽然很清楚，但概念的内部结构不够清晰，以此为标准评价翻译时，往往不知道该怎么操作，每个人都可以有自己的理解，容易流于主观。

从“概念的结构化”这一标准来说，“信达雅”这一概念显然比“神似”“化境”略胜一筹。

【例】《叙事三层次理论下宫崎骏动漫中英雄少女的研究》[1]。

此论文的理论指导是"叙事三层次理论"，即功能层、行动层、话语层，因此论文就直接搭建了"叙事功能层分析、叙事行动层分析、叙事话语层分析"的三层分析框架。"叙事三层次理论"是结构化的概念，是一个很容易指导分析操作的好概念。

【例】匠人精神、丧文化。

曾经有两位学生写了两篇论文：《当代日本匠人精神研究：以影视作品中的日本匠人形象为核心》和《关于日本的丧文化：以日本动漫为中心》，选题还是非常不错的，既有时代意义，又有学术价值；既有明确的研究对象，又有可供分析的文本材料。但是很可惜，全文没有对核心概念"匠人精神""丧文化"进行结构化的操作，虽然文中零星出现了各类下位概念，但没有整合为有序、系统的整体结构。相信如果再下一些功夫，这两篇论文一定能够更清晰地剖析"匠人精神""丧文化"的内部结构，在这两个概念的具体内涵方面做出自己的学术贡献。

（五）概念界定与使用中的注意事项

1. 警惕概念界定中的"话语"

概念具有建构性。提到建构，很容易想到"话语"。在学术研究中，概念也是具有"话语"的，我们应该具有话语敏感性，坚持中国立场，为中国学术贡献自己的力量。

【例】"龙"的翻译：dragon 还是 loong？

关于中国"龙"的翻译，英文中长期以来一直译为 dragon。北京外国语大学英语学院副院长彭萍指出，在马可·波罗的东方游

① 陈静．叙事三层次理论下宫崎骏动漫中英雄少女的研究［D］．北京：国际关系学院，2023.

记里就有 dragon 这个词了。后来，英国传教士马礼逊编纂《华英字典》，将“龙”译为 dragon。这本字典的影响非常深远，这种译法就得以在西方大部分人中间流传并延续至今。[①] 但是众所周知，dragon 在西方语境中是“恶龙”之义，代表邪恶，与中国“龙”的祥瑞之义是截然不同的。因此，当代很多中国学者提倡将“龙”译为 loong。从表面看来，这是一个翻译问题，本质却是翻译扭曲了概念。在严复“信达雅”的第一层次“信”方面，就严重“失信”了，因此这是一个失败的翻译。时空流转，我们已经无法考证当初西方人将“龙”译为 dragon 是“误译”，还是带有“话语”色彩的“恶译”，但时至今日，我们提倡将“龙”译为 loong 才是回归中国语境，建构中国“龙”的新话语。

【例】“东方学”的翻译。

同样，“东方学”是译为 Orient Study 还是 Eastern Area Study？Orient 一词背后的地理观是以罗马为中心的世界格局，因此 Orient Study 一词也暗含了西方是中心、东方是边缘的西方中心论。因此，很多中国学者提倡“东方学”作为科学的学术术语，站在文明互鉴的立场上，应该将其译为 Eastern Area Study，以消弭概念背后的东西方之争。

【例】“蒙古袭来”“家康公”的翻译。

在日本历史教材中有两个词：“蒙古袭来”和“家康公”。[②] 何为“来”？何为“公”？这两个词是具有鲜明的日本立场的。因此，中国学者在编写类似图书时，应称为“蒙古袭日”、“家康”或“德川家康”。

---

① 龙年到来，“龙”的英文译法与文化因素［EB/OL］.（2024-02-09）［2024-02-15］. http://www.news.cn/20240209/d8bdb4ea7e004edcb02f63de0f879556/c.html.

② 类似的例子还有很多。具体可参考：刘金才，张凌云 . 关于加强中国“日本学”话语体系建构的思考［J］. 日语学习与研究，2021（6）：112-119.

从以上例子可以看出，虽然只是一个简单的词语，但作为概念，其背后都有文化语境，都代表着一定的“话语”。严谨的学术，来自严谨的概念。我们在研读文献、理解概念、建构概念时，必须大胆质疑、谨慎对待。

2. 专业术语要保持一致

有的学生没有意识到“概念”在学术论文中的重要性，用起来随心所欲，经常出现同一概念在全文中表述不一致的情况。中学时期写作文时，语文老师会说，尽量用不一样的词汇，如果表达同样的意思，可以用近义词，以展示作者丰富的词汇储备，不要让读者觉得作者词汇贫瘠。但是，学术论文和作文不一样，论文讲究概念的严谨性，一旦出现“近义词”，评委就要拷问：这个词和那个词有什么不一样？如果是一个意思，为什么不用同一个词，而要用两个词？

例如，有个学生在论文中一会儿用“本地神”，一会儿用“本土神”，这就会让评委觉得不严谨。如果两个词是一个意思，保留一个就可以了。还有个学生写一篇关于“女性崇拜”的论文，题目用的是“女性崇拜”，但文中一会儿用“少女崇拜”，一会儿用“尊敬女性”。那么，“女性崇拜”和“少女崇拜”有什么不同？两者是相同的意思，还是“少女崇拜”是“女性崇拜”的下位概念？“崇拜”和“尊敬”是相同的意思吗？如果不一样，“崇拜”和“尊敬”是什么关系呢？等等。

总之，概念无小事。初学者一定要有“概念”意识，逐渐培养对概念的敏感性。

二、研究设计

研究设计，也叫作研究框架、研究路径，它可以对应论文的目录、提纲、思维导图等。

（一）研究设计的内部逻辑

要解决一个问题，往往需要把这个问题拆解成几个子问题，层层递进，逐个解决，最后就能解决整个问题了。那么，这个问题依据什么拆解成这几个子问题？为什么是这几个子问题，而不是那几个子问题？——这就是前文讲过的“界定概念”和“概念结构化”的意义所在。

研究设计是围绕核心概念进行的。进行研究设计，首先要根据研究问题确定“核心概念”，然后“界定概念”，并对概念进行“结构化”，根据结构化的概念，生成研究的几个层次。

经常有学生问导师：“老师，我下一节写什么？”可以说，不知道自己的论文总共有几节、这几节分别讨论什么问题的学生，都是心中没有“结构化概念”。概念结构化之后，会自动生成论文的几节内容，“下一节写什么”不是上一节写完后冥思苦想出来的，是概念结构化之后“自动生成”的。例如，如前文所述，如果用“信达雅”的标准来评价一段翻译，那么第一层次分析“信”，第二层次分析“达”，第三层次分析“雅”。这三个层次是由“信达雅”的内部结构自动生成的，不需要去想写完“信”了下面写什么，写完“达”了下面写什么。

在一个成熟的理论中，概念是已经完成结构化的；不成熟的理论，则可能只出现了概念，但概念尚未结构化。如果使用的概念已经完成结构化，直接在其指导下进入具体研究即可——这种研究的理论贡献比较小，论文的贡献大多体现在在理论指导下推进了案例的研究深度；如果使用的概念尚未完成结构化，作者可以尝试通过案例分析对其进行结构化——这种研究在理论层面进行了知识生产，贡献会比较大。

【例】《大江健三郎论："自我幻想"与"共同幻想"》[①]。

《大江健三郎论："自我幻想"与"共同幻想"》

绪论

一、《共同幻想论》中的"三个幻想"概念

1. 关于"三个幻想"概念的说明

2. 把"三个幻想"概念应用于大江论的必要性

二、大江的"自我幻想"

1.《拔芽击仔》主人公的世界观

2. 大江"自我幻想"的特点

三、大江"对幻想"的特点

1. 大江的"对幻想"——《性的人》

2. 挣脱愿望与挫折

四、"共同幻想"的确立

1. 从"自我幻想"到"共同幻想"——《个人的体验》

2. 大江"共同幻想"的确立——《同时代的游戏》

五、大江"自我幻想"与"共同幻想"的特点

结语

可以看到，此论文的理论指导是吉本隆明的"共同幻想"理论，核心概念是"幻想"。吉本隆明在《共同幻想论》[②]中把一个作家的成长、成熟过程分为自我幻想中心期（幼儿期和青年期）、对幻想中心期（对恋爱、结婚的执着与挫折时期）、共同幻想中心期（中年期和老年期）三个时期。由此，核心概念"幻想"结构化为

① 柘植光彦．レポート・論文のまとめ方［M］// 岩城之徳ほか．レポート・論文必携—明治大正昭和文学を研究する人のために（别冊国文学）．东京：学灯社，1993. 转引自：小野寺健，王健宜，邱鸣，等．日语专业毕业论文写作指导［M］. 北京：外语教学与研究出版社，2012：108.

② 吉本隆明．共同幻想论［M］. 东京：角川书店，1982.

“自我幻想”“对幻想”“共同幻想”三个层次，并因此自动生成了论文的三个层次：大江健三郎的“自我幻想”“对幻想”“共同幻想”。

因此，此论文的思路是十分清晰的：第一部分介绍理论，并进行概念结构化；第二部分通过具体文本分析大江健三郎的“自我幻想”；第三部分通过具体文本分析大江健三郎的“对幻想”；第四部分通过具体文本分析大江健三郎的“共同幻想”；第五部分对上面三部分内容进行体系化，并得出结论。

当然，这个提纲也有一些小的瑕疵，如分析的时候是三个层次，为什么结论和题目都只有两个层次？“对幻想”为何消失了？第二、第三、第四部分标题的内部逻辑并不完全一致，这是为什么？等等。

不过总体来说，开题报告写到上面这种程度已经非常好了，我们认为已经达到了“中期报告”的要求。如果开题报告没有达到如此详细的程度，说明其进度还没有达到“中期”，还需要继续读书；如果开题报告没有达到如此详细的程度，但是已经到了开题报告的日期，说明进度严重滞后了，必须迅速调整进度安排，否则将很难按期完成论文。

（二）研究设计的常见模式

一篇论文解决一个问题。一般来说，一篇论文的核心概念只有一个，最多两个。核心问题越简单，论文框架就越清晰，创新就体现得越清楚。

初学者第一次写论文，往往不太会写，总想着凑字数，因此在研究设计中常常会导致论题分散、论题重复的现象。按照论题分散、重复、集中进行分类，论文提纲大致有如下几种模式：

（1）1 个文本与 N 个问题点——论题分散。

（2）1 个文本与 1 个问题点——论题集中。

（3）N 个文本与 1 个问题点——但论题重复。

（4）N 个文本与 1 个问题点——且论题集中。

下面以学生论文为例，分别举例说明。

1. 1 个文本与 N 个问题点——论题分散

【例】《〈落洼物语〉研究》。

《〈落洼物语〉研究》
前言
一、《落洼物语》的故事梗概
二、《落洼物语》的结构：普罗普的形态学分析
三、《落洼物语》中女红的功能：女红实现了命运的转折
四、女性主义视角下的《落洼物语》
结论

此论文的研究文本只有一个——《落洼物语》，但论文内部却有三个毫不相干的核心概念：故事形态（结构）、功能、女性主义，这三个概念分别落脚在不同的研究领域：结构主义、功能主义、女性主义，这篇论文也并未探讨这三个学术概念之间的关系。这造成了论文写作过程中的诸多问题：文献综述需要就三个核心概念展开，漫无边际；正文三部分内容割裂，没有指向共同的研究问题，没有相互之间的联系，没有形成有机整体；论文的“研究问题”无法用一句话提问（需要用三句话提问），结论也无法用一句话概括（需要用三句话概括）；最重要的是，无法从题目中提取出合适的关键词，只能笼统地叫作“《落洼物语》研究”，看不到任何具体的信息。

从本质上来说，这个提纲包含三个论题，可以写成三篇论文：

（1）故事形态学视角的《落洼物语》结构研究。

（2）功能主义视角《落洼物语》女红研究。

（3）女性主义视角的《落洼物语》性别研究。

2.1个文本与1个问题点——论题集中

【例】《文艺民俗学视角下日本平安时代女性教养研究：以〈落洼物语〉为例》[①]。

《文艺民俗学视角下日本平安时代女性教养研究：以〈落洼物语〉为例》

前言

一、研究理论与故事梗概

1. 文艺民俗学

2.《落洼物语》梗概

二、《落洼物语》中的女性教养

1. 外部取向：容貌

2. 内在要求：技艺与道德

（1）贯穿全文的教养：女红

（2）书法、和歌与琴艺

（3）以善、隐忍与顺从为核心的道德品行

结论

此论文从文艺民俗学领域，通过分析一个文本，研究一个问题：教养。通过文本分析，将“教养”这个核心概念结构化为外在容貌和内在素养，内在素养又细化为女红、书法、和歌、琴艺、品行。围绕着概念和概念的结构化，全文问题意识清晰、论题集中、思路清晰、连贯流畅，是一篇不错的论文提纲。

① 于晓淳．日本平安时代贵族女性教养研究：以《落洼物语》为例［D］．北京：国际关系学院，2023.

【例】《从空间叙事视角探究〈山椒鱼〉中的空间与人物心理》①。

《从空间叙事视角探究〈山椒鱼〉中的空间与人物心理》
前言
一、井伏鳟二与《山椒鱼》
1. 井伏鳟二的一生
2.《山椒鱼》的内容梗概
二、空间与人物心理
1. 闭锁空间与人物心理
2. 开放空间与人物心理
3. 权力空间与人物心理
结论

此论文与叙事学中的“空间叙事”进行对话，核心概念是“空间”，在文中“空间”结构化为“闭锁空间”“开放空间”“权力空间”三个下位概念，由此形成了论文的三个层次，论题集中，思路清晰。

3. N个文本与1个问题点——但论题重复

【例】《以大字开头的汉日同形词的考察：以“大势”“大家”“大人”为例》。

《以大字开头的汉日同形词的考察：以“大势”“大家”“大人”为例》
前言
一、汉日同形词“大势”

① 潘洁怡. 从空间叙事视角探究《山椒鱼》中的空间与人物心理[D]. 北京：国际关系学院，2022.

1. “大势”的意义

2. 对语料库中例句的分析

3. 对各种意义的分析

二、汉日同形词“大家”

1. “大家”的意义

2. 对语料库中例句的分析

3. 对各种意义的分析

三、汉日同形词“大人”

1. “大人”的意义

2. 对语料库中例句的分析

3. 对各种意义的分析

结论

此论文应该有一个问题，但是很不清晰。以“大势”“大家”“大人”为例，探讨以大字开头的汉日同形词的“意义”，“研究领域”是语义学，那么此论文是要与语义学领域的“什么”进行对话？这个核心概念没有体现出来。这是这篇提纲最大的问题。

没有核心概念，当然就没有概念的结构化。此论文的三个部分雷同，完全看不出为什么选择这三个词，这三个词有什么关系。也可以换一种问法：只留一个词行不行？是不是可以任意删掉两个词？这里选择三个词，是不是为了凑字数？

像这样用N个文本重复研究一个问题的论文，是本科论文中比较常见的类型，本质上是为了凑字数。归根结底，这种情况是由于学生在开题报告之前，没有充分阅读相关领域的参考文献。在这个例子中，如果积极地进入语义学领域，完成高质量的文献综述，相信以其中一个词为例，是能够与“语义学”的一个“概念”进行对话的。即使以本科生的基础，这种对话的质量可能还不够高，但只要能够培养其“概念意识”“对话意识”，就达到了教学目标。

4. N个文本与1个问题点——且论题集中

【例】《青山七惠作品结构的对称性：以〈窗灯〉〈一个人的好天气〉〈灯之湖畔〉为例》[①]。

> **青山七惠作品结构的对称性：**
> **以《窗灯》《一个人的好天气》《灯之湖畔》为例**
>
> 前言
> 一、《窗灯》的结构
> 1. 以光线明暗为分类标准的物理空间分类
> 2. 由小说人物相串联的物理空间
> 3. 小说结构的对称性
> 二、《一个人的好天气》的结构
> 1. 以城市环境为分类标准的物理空间分类
> 2. 由小说人物相串联的物理空间
> 3. 小说结构的对称性
> 三、《灯之湖畔》的结构
> 1. 以环境型式和刺激不足为分类标准的物理空间分类
> 2. 由小说人物相串联的物理空间
> 3. 小说结构的对称性
> 结论

从N个文本集中讨论1个问题点，这类模式中最典型的就是比较研究。此论文的核心概念是“对称性”，可以看出作者将“对称性”结构化为“光线明暗”“城市环境”“环境型式和刺激不足”三个类型的空间，通过三个文本的比较分析，从不同的角度讨论了小说结构中的“对称性”。全文思路清晰，是一篇合格的本科论

① 姚立. 青山七惠作品结构的对称性：以《窗灯》《一个人的好天气》《灯之湖畔》为例［D］. 北京：国际关系学院，2022.

文提纲。

另外，《以大字开头的汉日同形词的考察：以“大势”“大家”“大人”为例》和《青山七惠作品结构的对称性：以〈窗灯〉〈一个人的好天气〉〈灯之湖畔〉为例》都分析了三个案例，但前者有凑字数之嫌，而后者却没有，这是为何？比较二者可以发现，前者虽然通过“汉日同形词的意义”将“大势”“大家”“大人”三个词纳入一篇论文，但通过这三个案例讨论了“汉日同形词意义”的哪三个不同方面？从提纲中看不出来，甚至会看到，提纲中的二级标题都是完全一致的，因此评委会怀疑，三个案例可能是讨论了“汉日同形词意义”的“一个”方面，那就是重复研究了，就有凑字数之嫌。

后者的提纲也还需要进一步调整，但至少出现了“结构”这一研究对象，以及“对称性”这一关系到问题意识的核心概念，并尝试从“光线明暗”“城市环境”“环境型式和刺激不足”这三个方面（三个文本）进行概念结构化。因此，这三个文本不是重复研究，是必要的。当然，如果此文能够有第四部分，将三种情况进行汇总分析，甚至进一步得出一个理论模型，就更好了。

【例】《日本古典和歌中的“水”意象研究：以〈小仓百人一首〉为素材》[①]。

《日本古典和歌中的“水”意象研究：
以〈小仓百人一首〉为素材》

前言

一、《小仓百人一首》中水意象的分布

1. 恋歌中的水意象

2. 四季歌中的水意象

① 朱天浩 . 日本古典和歌中的“水”意象研究：以《小仓百人一首》为素材[D]. 北京：国际关系学院，2022.

3. 杂歌中的水意象
二、《小仓百人一首》中的水意象
1. 绵长的情思
2. 沟通的障碍
3. 无法消解的苦恼
4. 沉浮的人生
5. 流逝的时间
结论

《小仓百人一首》是汇集了一百首和歌的歌集，可以看作一百个小文本。此论文落脚于“文学意象”领域，通过分析与归纳，对核心概念“水意象”的结构化做了探索性的研究，将水意象分解为“绵长的情思”“沟通的障碍”“无法消解的苦恼”“沉浮的人生”“流逝的时间”五个子意象。

总之，凝练提纲就是为了发现、凸显“核心概念”并进行“概念结构化”，这是研究设计中非常重要的过程。

（三）研究设计的基本步骤

从以上案例中可以看出，研究设计的基本步骤为：

（1）确定研究领域。

（2）确定研究材料（文本）。

（3）从研究领域、研究理论中选择合适的概念作为论文的核心概念。

（4）通过核心概念结构化，指导材料分析（演绎）；或者通过材料分析，对概念进行结构化（归纳）。

其中，确定“核心概念”和“概念结构化”是最重要的。核心概念是体现问题意识、连接案例与理论的关键；概念结构化是搭建论证框架、建立论文各层次逻辑关系的关键。

模块三　研究方法

关于研究方法的重要性，学界有以下四种常见的比喻说法：

第一种是鱼与渔的关系，即“授人以鱼不如授人以渔”。

第二种是“点石成金”，即乞丐不想要佛祖给的金子，他想要佛祖点石成金的手指。

第三种是“以手指月”，禅宗里讲沿着手指的方向会看见月亮。

第四种是“金针度人”，即把绣出鸳鸯的金针赠与他人。

以上四种比喻说法都强调了方法的重要性。

学术论文要具有学术性、科学性。学术性主要体现在研究理论（概念）上，科学性主要体现在研究方法上。有理论、有方法的论文才是规范的、合格的学术论文。这也是学术论文与作文（感想文）最大的区别。

按照研究过程，研究方法可以进行如下分类：

（1）收集资料的方法：文献法、观察法、访谈法、问卷法、口述史法、田野调查法（实地调查法）、语料库研究法、社会实验法等。

（2）分析资料的方法：文本分析法、图像分析法、四重证据法、统计法、比较法等。

（3）应用已有理论的方法：演绎法、阐释法等。

（4）搭建未知理论的方法：历史研究法、案例分析法（个案研究法）、概念分析法、归纳法等。

本模块讲授以下常用的研究方法：文本分析法是文学研究的看家本领；文献法、观察法、访谈法、问卷法是常见的社会调查方法；图像分析法、口述史法、四重证据法是近年来比较受关注的前沿研究方法。

第9节 文本分析法

【教学目标】

1. 理解文本分析法在学术研究中的重要性和应用价值。

2. 掌握文本分析法的基本概念、文本分析法的三层次。

3. 学会在不同的理论指导下分析文本。

【教学内容】

1. 何为文本分析法。

2. 文学领域的文本分析法。

3. 神话学领域的文本分析法。

【重点与难点】

文学领域的文本分析法。

【教学方法和策略】

1. 案例分析：展示文本分析法在实际学术研究中的应用案例。

2. 小组讨论：学生进行讨论和分析，体会各种文本分析法的关注点。

【具体内容】

文本分析法是以“文本”为分析对象的方法，是在各学科领域都常用的研究方法，也是文学学科的安身立命之本。

一、何为文本分析法

首先，何为文本？狭义上的“文本”即 text，指用文字写成的资料，通常意义上的“文本”都是指文字资料。广义上的“文本”除了文字，还包括图像、符号、声频、视频等资料。法国学者德里达在更广泛的意义上提出“文本之外别无他物”，万事万物皆文本，因此，一个建筑、一个空间、一个事件，都可以成为文本。文本分析法完全可以用来解析一个建筑、一个事件等。本书中的案例主要侧重分析文字资料。

其次，何为文本分析法？文本分析法是指通过文本细读，从文本的表层深入文本的深层，去解析那些不能为普通阅读所把握的深层意义。“分析”主要包括描述和阐释。

文本分析法一般分析文本的三个层面，即自然层面、作者层面、研究者层面。

（1）自然层面：读懂文本的字面意思。要求读者具备基本的专业能力和素养，如外语能力、古文能力、书法能力等。

（2）作者层面：读懂作者通过这个文本想要表达什么。要求读者具备基本的历史文化知识素养，能够在作者的语境中解读作者。

（3）研究者层面：文本一旦诞生，就脱离作者成为任人评说的独立文本。研究者读出来的东西和作者想表达的东西，可能完全不一样。研究者和作者是平等的，二者都是具有“主体间性”的“主体”。这一层面要求研究者具有一定的理论素养，在不同领域，在不同学术理论指导下，会看到完全不一样的风景。例如，对于同一个故事，结构主义和功能主义会进行完全不同的分析，得出完全不同的结论。

下面，我们将探讨文学领域、神话学领域中文本分析法的具体运用。

二、文学领域的文本分析法

文本分析法是文学领域的基本研究方法，是文学之本。文学领域的文本分析法大致可以分为两类：一类方法关注文本内部，关注文学、文本等，包括“新批评”法、符号学分析法、叙事学分析法、解构主义分析法、互文（文本与文本）分析法等；另一类方法关注文本外部，关注社会、历史、文化等，包括文本社会学分析法、文化研究分析法等。

（一）“新批评”法

“新批评”法的基本方法是“细读”，立足文本对语义进行细致的诠释，用放大镜读每一个字。基本方法包含三个步骤：理解语义、结合语境、把握修辞。

由此从文本中“细读”出语言的非日常化运用，如“反讽”“张力”等，捕捉暗示、联想和言外之意等。

“细读”现在已成为各种文本分析法的基本功。

【例】《新批评视角下的名俳〈古池〉解读》①。

分析：“新批评”是西方现代文学理论派别，西方的这一文学理论是否适用于分析东方俳句的艺术价值，这是值得思考的。此论文将这一方法应用于日本文学研究领域，从语音层面、意义层面、意象和隐喻层面、象征和神话层面，分析日本“俳句”经典之作——松尾芭蕉的《古池》。

（二）符号学分析法

符号学是个相当宽泛的概念，主要运用能指与所指、形象与意象、结构主义、形式主义等理论进行研究。

【例】《鲁迅〈故事新编〉的符号学阐释：兼论〈补天〉、〈铸剑〉、〈理水〉中色彩语词的使用》②。

分析：符号的意象分析、隐喻分析是文学研究的重要方法。此论文以鲁迅《故事新编》中《补天》《理水》《铸剑》三个文本为例，对其中黑、白等色彩词建构的“语象”世界进行了形式美

---

① 欧阳伶俐，吴娱，刘锐．新批评视角下的名俳《古池》解读［J］．牡丹江大学学报，2012，21（4）：57–59.

② 鲍远福．鲁迅《故事新编》的符号学阐释：兼论《补天》、《铸剑》、《理水》中色彩语词的使用［J］．湖北职业技术学院学报，2014，17（1）：46–50.

学的特征分析，对鲁迅的“新寓言文体”进行了形式美学的解读。

（三）叙事学分析法

叙事学也称为叙述学，它研究“如何讲故事”“讲故事有哪些方法”，主要通过研究文本中叙述故事的“形式”来探讨讲故事的“方法”，与形式主义、结构主义、语言学等关系密切。叙事学分析叙述视角（如叙事主体、复调等）、叙述态度（如可信度、话语等）、叙述结构（如故事结构、故事类型等）等。

【例】《浅析樋口一叶小说〈十三夜〉的叙事结构：兼谈日本文学课的叙事学分析》①。

分析：叙事学是文学研究的重要领域。此论文以日本“闺秀作家”樋口一叶的代表作《十三夜》为例，分析其叙事在“形式”“结构”方面的特征。分析发现，其叙事结构的独特性在于并驾齐用三种叙事结构，即对比叙事结构、嵌入式叙事结构、复线叙事结构，从而使小说具有复调的诗学美。

（四）解构主义分析法

解构主义就是破坏和分解结构，并进行创新和重组。它的核心思想是颠覆、破坏和反传统主义，是对正统、原则和标准的否定与批判。解构主义是后现代主义的重要组成部分。

【例】《解构主义视域下对小说〈火花〉的解读》②

分析：日本作家又吉直树的处女作《火花》是典型的后现代派小说，此论文在解构主义的视域下解读该作品，以加深对该作品的认识。论文从三个层次解构了小说：第一，从题材来说，小

---

① 庞在玲．浅析樋口一叶小说《十三夜》的叙事结构：兼谈日本文学课的叙事学分析［J］．山东农业工程学院学报，2015，32（9）：145-146.

② 郭彦骏．解构主义视域下对小说《火花》的解读［J］．今古文创，2022（40）：7-9.

说选材于日本传统喜剧表演形式漫才和底层漫才艺人的社会边缘性，通过选材的喜剧特点来模糊悲喜两种情绪的界限；第二，从语言来说，文中运用了大量漫才的专业术语，造成语言符号本身所指与其隐含意思能指的不匹配，消解了所指与能指的二元对立性；第三，从主旨来说，作者否定了“努力必定有收获”“梦想成真才算是成功”等主流价值观点，强调努力奋斗的人生就是成功的人生，消解了梦想与现实的对立性。

（五）互文分析法

在文学研究领域，“互文”有两种含义。

第一种“互文”是指不同文本之间的相互关系。一个文本总会同其他文本发生这样或那样的关联，包括引用、参考、转换、吸收、暗示、仿写、熏陶、影响等。

【例】《戏仿与重构：互文视域下的〈妖猫传〉叙事研究》①。

分析：此论文认为，电影《妖猫传》兼具“诗性审美”与“玄幻叙事”的审美元素。按文本互文的理论梳理故事的源流可以发现，《妖猫传》的“诗性审美”来自历时文本的熏陶，其故事内核和诗画意蕴都与唐代以来的同题材作品有着高度的一致性；它的“玄幻叙事”则是受共时文本《沙门空海》影响的结果。通过互文研究，可以探索跨媒介文本改编规律——戏仿与重构。

第二种“互文”是指文本与其所在社会文化的相互关系。文学研究不仅要重视对文本内部的研究，也要重视对文本外部社会文化的研究，互文研究既重视文本内部，也关注文本外部，探讨文本内外的对话关系。

① 贾安民．戏仿与重构：互文视域下的《妖猫传》叙事研究［J］．新闻研究导刊，2021，12（24）：232-234.

【例】《近代中国人所撰日本竹枝词的互文性研究》[①]。

分析：晚清之际近代中国人竞相赴日，创作了大量的日本竹枝词，如黄遵宪的《日本杂事诗》、姚鹏图的《扶桑百八吟》、何如璋的《使东杂咏》、刘珏（别名濯足扶桑客）的《增注东洋诗史》等。此论文将这些竹枝词与当时日本的社会环境进行互文分析，发现这些竹枝词通过加注的形式记叙了日本的地理风貌、历史沿革和风土人情等，反映了明治维新后日本的政治制度和文化教育等状况。

（六）文本社会学分析法

文本社会学以文本为研究对象，通过研究文本来研究社会现象，探讨文本中蕴含的社会意义和价值观。

【例】《“情感”主题的张扬：影片〈钢的琴〉文本社会学解读》[②]。

分析：此论文从文本社会学的视角出发，通过以“情感”为核心和以“利益”为核心的两套话语体系分析影片叙事，认为影片通过镜头语言营造出“悲伤”和“孤寂”的感情氛围，凸显了以“情感”为核心的话语体系，渲染了父女之情、兄弟之情、男女爱情的“情感”主题，以“审美”的叙事消解了以“利益”为核心的话语体系的意识形态性，以此寻求物质与精神、现实与理想的平衡。

（七）文化研究分析法

文学领域的“文化研究”具有其特殊的含义。

人们通常所说的“文化研究”是区别于“语言研究”“文学研

① 陈文丽．近代中国人所撰日本竹枝词的互文性研究［J］．鸡西大学学报，2013，13（6）：92-94.

② 喻琴．“情感”主题的张扬：影片《钢的琴》文本社会学解读［J］．电影文学，2013（10）：23-24.

究”的，在广泛的意义上包括了历史、宗教、哲学、民俗、艺术等领域的研究，甚至包括政治、经济、社会等领域的研究，是一个广阔的研究范围。

文学领域的文化研究关注大众文化，大大丰富了文学研究的对象，拓展了研究视野。传统的文学研究关注经典作家、经典文本，而文化研究将文本拓展至电影、电视、广告、娱乐等领域，在工业社会、消费社会等语境中，结合社会学、文学、媒体学、文化人类学等研究社会文化现象，其论题包括但不限于意识形态、种族、阶级、性别等。

【例】《不快乐的主妇们：角田光代小说的女性主义叙事》[①]。

分析：此论文以角田光代的主妇小说为例，关注文化研究所关注的“女性主义”问题。论文认为，小说通过消失的娘家、规训的婆家、不可靠的同性友情等叙事，塑造了日本社会中“不快乐的主妇”形象，探讨了女性主义普遍关注的“母乳神话”“父职缺失”“孩子中心主义”“母女关系”等问题，剖析了主妇们从怀孕、生育到子女教育的“母职”承担过程中遭遇的心理危机，探讨了自我意识建立对于女性的重要性以及女性与世界的关系。

三、神话学领域的文本分析法

文本分析法在不同的领域有不同的特点。在神话学领域，按照分析视角不同，可以分为八大流派，分别为结构主义学派、心理学派、历史学派、自然学派、人类学派、仪式学派、功能主义学派、历史地理学派。[②]其中，结构主义学派和心理学派为文本内部研究，其他学派为文本外部研究。

① 童晓薇．不快乐的主妇们：角田光代小说的女性主义叙事［J］．妇女研究论丛，2022（5）：97-106.

② 本部分内容参考了：杨利慧．神话与神话学［M］．北京：北京师范大学出版社，2019.

（一）结构主义学派

结构主义是用来分析语言、文化与社会的研究方法之一，探索一种文化意义是通过怎样的相互关系（也就是结构）被表达出来的。结构主义神话学派探讨人类神话的普遍结构和深层结构，认为表面看来嘈杂混乱的神话文本实际上遵守着某些秩序和原则，也正是这些秩序和原则，带来了神话文本的相似性。

【例】《天照大神与建速须佐之男命二元对立研究》[①]。

分析：此论文以结构主义中的“二元对立”基本结构为指导，并结合精神分析学和考古学，分析了日本神话中天照大神与建速须佐之男命二元对立的内涵。分析发现，天照大神是天界、复生、集体、祭司、男性气质、恋父情结、湿润的典型象征符号；而建速须佐之男命则是地府、死亡、个体、武者、女性气质、恋母情结、干旱的典型象征符号。

（二）心理学派

心理学派认为，在无意识心理中，不仅有个人自童年开始的经验，还积存着许多原始的、祖先的经验，即集体无意识。集体无意识隐藏在人的心灵深处，是人类共同的、普遍的深层心理形式。人生下来并不是一块白板，而是先天遗存着一种“种族记忆”，就像动物身上先天遗存的某些本能一样，这就是“原型”。原始神话是人类集体的梦，种族过去的幻想不仅可以从原始神话中找到，而且它的残余力量至今还潜藏在人的心灵深处。

① 况铭．天照大神与建速须佐之男命二元对立研究 [J]．日语学习与研究，2019（4）：25-34.

【例】《神话与日本人的心灵》[①]。

分析：此书是经典心理学著作，是日本知名临床心理学者、心理治疗师河合隼雄的代表作。其从深层心理学的角度，用荣格心理学派的方法，对神话与日本人的心灵加以研究，探讨日本人的特有文化、日本人的心理结构，以及人类普遍相同的心理意识。例如，三贵子诞生于父体，而女神天照大神为中心，可以看出男性尊崇与女性尊崇的巧妙的平衡；三贵子中天照大神与须佐之男对立，而月读命无所作为，可以看出三元中空的调和；等等。

（三）历史学派

历史学派坚持“神话史实说”，认为神话是真实历史的扭曲，神话中的神最初都是历史上实有的帝王或英雄，而神话是这些英雄的事迹记录。因此，历史学派试图通过神话文本分析复原古代历史。

【例】《日本“记纪”斩蛇神话中八盐折酒的寓意考》[②]。

分析：此论文通过分析日本记纪神话中素盏鸣尊斩杀八岐大蛇的故事，试图厘清日本酿酒的历史，认为斩蛇神话讲述了酿造八盐折酒的由来。酿酒的原料为八岐大蛇吞食的少女，素盏鸣尊告诫给脚摩乳和手摩乳夫妇的诸多事宜为酿造条件，治蛇即为酿酒，素盏鸣尊将从蛇尾获得的草薙剑献给天照大神，亦同于后世在大尝祭中将黑酒奉献给天照大神。从这一历史学派的分析中可以看出，神话中八盐折酒的诞生揭示了作为日本皇室象征的草薙剑与大尝祭间更深层次的关联。

---

① 河合隼雄．神话与日本人的心灵［M］．王华，译．北京：生活·读书·新知三联书店，2024.

② 胡问十，王晓梅．日本“记纪”斩蛇神话中八盐折酒的寓意考［J］．日语学习与研究，2022（2）：102–110.

（四）自然学派

自然学派也叫作太阳学派，该学派认为神话是建立在古人的自然观念之上的，人类的祖先用自身的生活现象来解释他们并不理解的大自然中的现象，随着对自然力的神化，便产生了这样或那样的神，关于这些神的种种说法便是神话。绝大多数神话的基础在于对太阳、雷、电、雨、云等自然现象的神化。

【例】《烛龙神话考论》[①]。

分析：此论文分析了烛龙神话的原型和发展过程。从自然学派的观点出发，论文推测烛龙神话的原型应是自然现象中的闪电。从其人面蛇身、直目正乘等神态以及所居之地可以看出，烛龙神话经历了由蛇龙崇拜，到半人半兽的民族图腾，再到始祖神的发展过程。蛇龙形象不但是生殖神和创世神的象征，还是农业保护神和鬼族的始祖神。

（五）人类学派

人类学派坚持“遗留物说”，其认为，旧有的文化现象如仪式、风俗、观念等，由于习惯的力量，会从一个初级文化阶段遗存至另一个较晚的阶段，这种遗存下来的旧有文化现象便是“文化遗留物”。通过“遗留物”，人们可以追溯旧有的文化结构。而神话就是人类文化历史的“文化遗留物”，因此，通过神话文本，可以探知人类古代社会的文化。

人类学派与历史学派的区别在于：历史学派关注“历史事件”，认为神话文本是对古代历史事件的扭曲表达；人类学派关注“文化现象”，认为神话文本记载了人类社会的文化现象。例如，历史学派会探求天照大神是历史上的哪位人物，是卑弥呼，还是持统天皇？而人类学派则通过天照大神追寻人类历史上曾经出现

① 李进宁．烛龙神话考论［J］．中华文化论坛，2015（3）：73-79.

的“祭司为王”的文化现象。

【例】《被杀的女神与被抢的权力：伊邪那美之死的神话学解读》[①]。

分析：此论文通过日本神话中伊邪那美之死的故事，探寻人类社会发展史上从母系社会过渡到父系社会过程中，男性对女性生育与创造权力的抢夺。伊邪那美是诞生于日本国土的创世母神，但她因生育火神而亡，而且没有成为受人崇拜的大母神。可见伊邪那美之死并不是普通意义上的死亡，她在日本神话中是作为被杀的女神而存在的，暗含了社会从女性话语到男性话语的过渡。

（六）仪式学派

仪式学派认为，在古代人的生活中，神话本身不能独立存在，而是与仪式结合在一起的。神话与仪式的关系是互为本体，没有仪式就没有神话，没有神话也就没有仪式。因此，仪式学派试图通过分析神话文本来解析各类仪式。

【例】《日本国生神话中“女人先言不良”观念新解》[②]。

分析：日本神话中有一段由于女人先说话导致生下残疾儿的故事，这段故事一般被学界认为是受“男尊女卑”思想影响的结果。此论文从仪式学派的视角出发，结合《周易》及其注释书阐释的古代婚姻“男下女”仪礼，认为日本神话中的“女人先言不良”应是受《周易》“男下女”婚姻仪礼及占卜之术影响的结果。

（七）功能主义学派

功能主义学派认为，神话之所以现在还存在，是因为它具有

① 范宗朔．被杀的女神与被抢的权力：伊邪那美之死的神话学解读 [J]．长江大学学报（社会科学版），2021，44（2）：9-13.

② 占才成．日本国生神话中“女人先言不良”观念新解 [J]．外国文学研究，2021，43（5）：127-138.

现实“功能”。当仪式、礼节、社会准则和道德规范需要被证明其合理时，需要被赋予古老性、现实性和神圣性时，神话就应运而生了。神话为我们提供了远古时代的道德价值、社会秩序、巫术信仰等方面曾有的模式，由此被赋予建立风俗、决定行为模式、树立制度权威和重要性的规范力量。神话是道德准则的主要依据，是道德观念的重要载体。神话能够巩固和增强传统，赋予传统更高的价值和威望。简言之，神话是信仰的“社会宪章”。

【例】《速须佐之男命斩蛇神话与中国神话：以“断蛇定业”和“龙兴云”思想为中心》①。

分析：此论文选取日本记纪神话中速须佐之男命斩蛇建国的故事和刘邦斩蛇起义的典故进行比较，认为这两则故事均属“断蛇定业”类斩蛇神话故事，都包含了诸多政治、军事因素，是权力的象征，是具有现实功能的。

（八）历史地理学派

历史地理学派的基本观点包括：文化事象是不断传播扩散的，而且在传播中不断复杂化；故事异文最多的类型最具有代表性；故事通常在它的发源地附近得到最好的保留；故事传播得越远，变化越多；故事中的某些最古老的情节也可能在最遥远地区的异文里被发现。因此，历史地理学派主张从故事演变的过程中追溯故事原型，从其地理流布的途径追溯故事发祥地。

具体研究方法：采集各地众多的故事异文；对各种故事异文进行比较，分解出故事的基本特征，建立故事的最初形式；将故事异文按情节类型进行分类和比较，推测故事传播的路线。

① 占才成. 速须佐之男命斩蛇神话与中国神话：以“断蛇定业”和“龙兴云”思想为中心 [J]. 日语学习与研究，2017（2）：120–127.

【例】《日韩三轮山型神话传说与中国神话》[①]。

分析：此论文致力于阐明三轮山型神话传说的起源。日、韩学者认为其系北方系神话传说，钟敬文先生力证其源自中国，但却无传播时间上的铁证。论文将中国民间神话传说、早于三轮山神话出典数百年的《搜神记》，与日韩三轮山型神话传说在神话结构、情节模式上进行比较，发现三轮山型神话传说的祖型为《搜神记》中“钟繇”的故事和“猪臂金铃”的故事，从而得出结论：其发生地应为中国长江中下游及西南少数民族地区，应属南方系神话传说。

四、文本分析法的注意事项

从上文可以看出，文本分析法是一个非常笼统的说法，“如何分析”，按照不同领域、不同理论、不同视角，分析方法完全不同。在实际操作中，如果只有“文本分析法”，没有具体的理论指导，就会流于主观，写成感想文、作文。因此，在开题报告、项目申请书中填写“研究方法”时，应避免只填写“文本分析法”，而要填写其具体理论指导、分析视角、分析方法、分析内容等。

① 占才成 . 日韩三轮山型神话传说与中国神话 [J]. 四川大学学报（哲学社会科学版），2022（6）：57-65.

第10节　文献法 *

【教学目标】

1. 理解文献法在学术研究中的重要性及其应用价值。

2. 掌握文献法的分类，理解文献法的优缺点。

【教学内容】

1. 文献的分类。

2. 何为文献法。

3. 文献法的优缺点。

4. 文献法的注意事项。

5. 文献法的应用案例。

【重点与难点】

文献的分类。

【教学方法和策略】

1. 案例分析：展示文献法在实际学术研究中的应用案例。

2. 小组讨论：学生进行讨论和分析，评价文献法的优缺点。

【具体内容】

文献法就是利用文献（文字资料）进行研究的方法。

社会学领域的四种经典研究方法分别为文献法、观察法、访谈法和问卷法。如果将其分成两大类的话，则文献法称为非接触型研究，另外三种方法合称为接触型研究。它们的基本区别在于，接触型研究需要通过与人接触和交流来获取研究资料，而非接触型研究（文献法）不需要与人接触和交流，它的研究资料就是文献。

---

* 文献法、观察法、访谈法、问卷法的内容参考了：李志，潘丽霞. 社会科学研究方法导论［M］. 重庆：重庆大学出版社，2012.

一、文献的分类

文献按照不同的分类标准，有不同的分类结果。

（一）按照资料来源分类

（1）个人文献：包括个人的日记、信件、回忆录、自传等。

（2）社会组织文献：包括各单位的章程、制度、报告、报表、资料等。

（3）大众传媒文献：包括报纸、期刊、书籍、影视资料、网络资料等。

（4）官方文献：包括政府机关的统计资料、公报、政策法规和文件等。

（二）按照内容的加工深度与性质分类

按照内容的加工深度与性质的不同，文献可以分为零次文献、一次文献、二次文献、三次文献等。[①]

（1）零次文献也称灰色文献，指未正式发表的资料，包括家谱、私人日记、书信、草稿、草图、记录、发言稿和各种档案等。

（2）一次文献是指作者经过创造性、创新性劳动发表、发布的文献，包括论文、专著、报告、报纸、专利、各类标准等。

（3）二次文献是指对一次文献做的体系性梳理和收录，包括书目、索引、文摘、题录等。

（4）三次文献是指以一次文献和二次文献为资料做出的系统整理和概述，包括文献综述、工具书、文献指南等。

① 郭继军．医学文献检索与论文写作［M］．北京：人民卫生出版社，2013.

二、何为文献法

文献法是指基于文献的研究方法，这些文献包括历史档案、访谈记录、书稿、图片、录音、书函等，简单来说，文献法是基于零次文献的研究。

要注意，所有的研究，包括自然科学研究和人文社科研究，都必然查找文献，因此，在论文“前言”中会有“文献综述”部分。但是，并不是查找了文献就是文献法，文献法中的文献不是普通文献，一般来说，须是零次文献。从这一意义来说，文献法是历史学的常用研究方法。

如果一个课题使用的研究方法是“文献法”，那么具体研究中使用了哪些“文献”将成为审核的重点，这些文献的重要性决定了课题的重要性。

三、文献法的优缺点

（一）文献法的优点

（1）不需要与人沟通，只要看文献即可，也不会打扰他人。

（2）可以研究无法接触的对象，如古代的人、事、物等，适用于历时研究、历史研究。

（3）节省时间、费用低。

（4）受周围环境和条件的影响比较小，顺利完成研究的可能性比较大。

（二）文献法的缺点

（1）有的文献收集起来有难度。

（2）需要留意文献的可信度。“尽信书不如无书”，文献不仅涉及真假，还涉及语境（历史局限性）、话语（个人立场、主观意图）等，想要理解文献内容，需要采用“文本分析法”。

（3）只有文献，证据难免单薄。佐以其他形式的证据，论文会更充实。关于其他形式的证据，可以参考后文的“四重证据法”。

四、文献法的注意事项

使用文献法需要注意以下事项：

（1）要注意区分文献法和文本分析法。文献法是历史学研究的常用方法，所用文献为零次文献。文献法中，研究资料局限于文字资料，因此研究的价值往往在于得到他人难以获取的资料，即课题的创新性在于“材料创新”。文本分析法是文学研究的常用方法，所用文本常常为一次文献。在文学领域，一般来说，研究材料（文本）往往不具备稀缺性和珍贵度，文学研究的贡献往往在于对已有文本有了新的解读视角，因此其创新性往往在于“理论创新”。

（2）一般来说，零次文献的可信度高于一次文献。阅读一次文献时，应尽量与零次文献互证。例如，功能主义的奠基者马林诺夫斯基在《西太平洋上的航海者》[①]（一次文献）中记录了其丰富多彩的田野调查生活，众多照片呈现了他与当地人的和睦友好相处，他所创立的“参与观察法”也因遵循了“自我”与“自我”的“主体间性”而备受推崇。但他的日记《一本严格意义上的日记》[②] 出版之后（本未打算出版，如果未出版即为零次文献），人们看到了他与当地人的不睦、他对自己研究工作的怀疑、他的研究中呈现出来的“自我”对“他者”的“凝视”等问题，这导致学界重新评价马林诺夫斯基，并引发了“反思民族志”的诞生。

① 马林诺夫斯基．西太平洋上的航海者［M］．弓秀英，译．北京：商务印书馆，2017.

② 马林诺夫斯基．一本严格意义上的日记［M］．卞思梅，何源远，余昕，译．桂林：广西师范大学出版社，2015.

五、文献法的应用案例

【例】《“宽永大饥馑”与江户幕府的应对及其影响》①。

分析：此论文以翔实的史料（包括零次文献和一次文献）为依据进行考证，包括书信、日记、文书等，通过细致爬梳史料，还原史实，并阐述其影响。此论文认为，1641—1643年日本“宽永大饥馑”发生初期，江户幕府处置失策，加之社会动荡、东亚海域局势紧张、禁绝基督教政策的政治危机等，导致饥荒持续恶化。之后江户幕府调整对策，扶助小农阶层，增设民政机构，颁布治理法令，在缓解饥荒、改善民生问题的同时，实现了基层治理主体与治理机制的调整，从而推动了幕藩制国家治理的变革。

① 刘晨.“宽永大饥馑”与江户幕府的应对及其影响 [J]. 世界历史，2023（5）：101-113，158-159.

第 11 节　观察法

【教学目标】

1. 了解观察法在社会科学研究中的重要性和应用范围。
2. 掌握观察法的分类和优缺点。
3. 培养学生观察、分析、解释社会现象的能力。
4. 引导学生思考观察法中的伦理道德问题。

【教学内容】

1. 何为观察法。
2. 观察法的分类。
3. 观察法的优缺点。
4. 观察法的注意事项。
5. 观察法的应用案例。

【重点与难点】

参与观察法。

【教学方法和策略】

1. 讲解与案例分析相结合：让学生通过案例了解观察法在不同场景中的应用和效果。

2. 分组讨论：让学生就观察法中的伦理道德问题展开讨论并提出解决方案。

【具体内容】

观察法，特别是参与观察法，是文化人类学研究的基本研究方法之一，也是区域国别研究的重要方法，应予以高度重视。

一、何为观察法

观察法是社会科学研究的主要方法之一，它不同于日常生活中的观察，而是具有高度的目的性和计划性，要求观察者对观察结果做出系统的描述和实质性的解释。许多理工科的实验都属于观察法。人文社科领域的参与观察法是研究者通过与研究对象一起生活来观察研究对象的方法。观察的内容最初会有一个设想，但随着观察的进行，可能会产生新的研究课题。

观察法遵循以下原则：

（1）客观性原则：不因个人好恶或其他原因而歪曲事实。

（2）全方位原则：不是“盲人摸象”或“一叶障目，不见泰山”。

（3）求真务本原则：透过表象看到实质。

（4）遵守法律和道德伦理原则。

在少数民族地区和宗教场所进行观察时，还要遵守一些特殊的法律、政策、风俗习惯和教规等，这一点非常重要，被观察对象在意识到自己被观察时可能会感到反感，很容易产生伦理道德问题，因此要特别注意。

二、观察法的分类

按照不同的标准，观察法可以分为多种类别。

首先，按照观察场所，可以分为实验室观察与实地观察。实验室观察多出现在自然科学研究中，但人文社科研究也可以进行实验室观察。教室、会议室、俱乐部等都可以是一个“实验室”。例如，针对两个班级采取不同的措施，就可以构成一组具有对比性的观察对象。实地观察是指在现实生活场景中进行观察。

其次，按照观察者的参与性，可以分为参与观察和非参与观察。参与观察是人类学研究中收集第一手资料的基本方法，它要求观察者在较长时间内置身于被观察者的群体中，参加他们的日常活动并尽可能成为其中的一员。参与观察常用于无法从外部观察的封闭性集体，多采用无结构的形式，预先没有理论假设。社会学也将这种方法运用到对现代社会某些特定群体和社区的研究中，成为实地研究中最基本的方法，如对社会边缘群体的研究。

非参与观察与参与观察相对，指观察者置身于被观察者所处的情境之外，以旁观者的身份进行观察。非参与观察看到的多是一些表面的、偶然的现象，多带有观察者主观的猜想，不如参与观察深入、全面，因此适用于短期性的研究工作，特别是观察者的参与会严重影响被观察者正常活动的情况。例如，观察店里的顾客、观察口译工作者的工作状态等。

最后，按照观察时间，可以分为直接观察与间接观察。直接观察就是亲眼看到正在发生着的现象。实验室观察与实地观察、参与观察与非参与观察都属于直接观察。间接观察是对事件发生后的遗留物进行观察。间接观察类似于侦探，根据痕迹来推断当时的情形。例如，根据书籍的磨损情况来推测图书馆里借阅书籍人数的多少。

三、观察法的优缺点

（一）观察法的优点

（1）可以获得第一手资料，具有直观性、可靠性。

（2）操作简单，可以随时随地观察。

（3）有利于研究者“设身处地”地“理解”被观察者。研究者可以观察到研究对象在自然状态下的模样，可以更好地了解被观察者，可以了解被调查人群的结构以及各因素间的功能联系。

（4）是对无文字民族进行民族志调查的途径。

（二）观察法的缺点

（1）需要花费较多的人力和时间。人类学的参与观察法一般要求至少和研究对象一起生活一年（一个生产周期）。

（2）需要资金支持。

（3）人类学研究田野地点的选择有一定的机会性，会遭遇案例典型性争议。

（4）没有研究预设，选题随机，研究结果可能偏离初衷。

四、观察法的注意事项

观察法最大的问题是伦理道德问题。

研究者没有为了研究而欺骗他人的权利。在不被告知的情况下，一些被观察者事后知道自己“被观察”会感到受到冒犯。特别是对于一些封闭性群体、边缘性群体等的观察，更要格外注意伦理道德问题。

伦理道德问题是各个学科研究都必须认真对待的问题，包括生命伦理、医学伦理、道德素养等。归根结底，伦理道德问题是研究主体和研究客体之间的“主体间性”问题。所有的研究对象都应该得到研究者的全面尊重。

五、观察法的应用案例

【例】《跨越边界的社区：北京“浙江村”的生活史（修订版）》[①]。

分析：此书作者项飚于20世纪90年代中期的六年时间里，深入北京南苑地区的“浙江村”进行参与观察、实地调查，真实地记录了“浙江村”与“浙江村人”的生活，此书是真实的“北漂”史。项飚深入“浙江村人”的日常生活，以近乎白描的写作手法，细致地呈现了“浙江村”的形成、结构、运作和变迁，“浙江村人”作为“外来人口”在北京的生活、生产经营、乡情民愿以及与管理部门的互动等。30年来，“浙江村”经济生产与社会再生产的特殊面貌、内部空间与外部环境的互动演变，已成为研究

① 项飚．跨越边界的社区：北京“浙江村”的生活史（修订版）[M]．北京：生活·读书·新知三联书店，2018.

改革开放以来中国流动人口与城市社会经济发展，体制、权力与政策的鲜活样本。

【例】《全球“猎身”：世界信息产业和印度的技术劳工》①。

分析：此书的英文版 *Global "Body Shopping": An Indian Labor System in the Information Technology Industry*（普林斯顿大学出版社）获得了2008年度美国人类学协会安东尼利兹奖。此书是关于全球化世界人类学分析，是作者项飚基于在印度、澳大利亚和马来西亚长达两年的参与观察、实地调查后思考的结果。此书指出，印度IT产业劳动力的全球流动，关键在于其“猎身”体系，即跨国企业经由中介机构，从印度招收IT技术工人的行业链，是中介机构进行劳动力调配的商业体系。“猎身”体系把印度内在的社会结构和全球化的资本联系在了一起。

① 项飚.全球“猎身”：世界信息产业和印度的技术劳工[M].王迪，译.北京：北京大学出版社，2012.

第 12 节　访谈法

【教学目标】

1. 掌握访谈法的步骤。

2. 培养学生设计和实施访谈的能力。

【教学内容】

1. 何为访谈法。

2. 访谈法的分类。

3. 访谈法的步骤。

4. 访谈法的优缺点。

5. 访谈法的应用案例。

【重点与难点】

访谈法的步骤。

【教学方法和策略】

1. 案例分析：展示实际案例，分析访谈法在研究中的应用。

2. 实践操作：安排实际操作环节，让学生设计并实施简单的访谈。

【具体内容】

一、何为访谈法

访谈法就是通过采访、谈话进行调查的方法。在田野调查、实地调查中，访谈法是必然会用到的基础研究方法。

二、访谈法的分类

按照不同标准，访谈法可以分为很多类型。

按照是否是标准化访问，访谈分为结构式访谈和非结构式访谈。结构式访谈是高端标准化的，通过抽样选取访谈对象，统一设计访谈过程，有固定的提问次序和方式，访问人员不能对题目做解释等。非结构式访谈是非标准化的，没有统一的程序，拟定一个大致的提纲即可，访谈双方可以自由交谈。

按照访谈双方是否是面对面的，可以分为直接访谈法和间接访谈法。直接访谈是面对面的，可以“走出去”，也可以“请进来”。“走出去”是指访问者到受访者所在地开展访谈，需要时间、金钱等成本；相比之下，“请进来”的优点在于访问者可以以较低的成本访问较多受访者。然而，“请进来”的缺点也较明显，即受访者在陌生的环境中容易受到环境因素的影响，从而影响访谈效果。间接访谈是通过电话、问卷等非面对面的形式进行的访谈。电话访谈花费的时间和金钱成本低，可以对热点问题或突发问题进行快速调查。

按照访谈对象的数量，可以分为个别访谈和集体访谈。个别访谈可以根据访谈对象专门设计，能够突出特色，深入挖掘，但是费时费力，成本较高；集体访谈节约成本，能够迅速获取大量信息，但是访谈对象往往有从众心理，影响访谈深度。

三、访谈法的步骤

在访谈准备阶段，访问者需要确定访问对象，确定合适的访谈方法，了解相关知识，设计访问提纲，准备工具，选择合适的访问时间和访问地点。应注意不要在受访者的休息时间进行访谈。

进入访谈前，要尽量营造友好的气氛。由于访谈占用了受访者的时间，访问者通常需要对受访者进行一定的补偿，如准备小礼品等。访问者应尽量言简意赅地介绍自己的访谈计划。

在访谈的过程中，访问者不能诱导受访者，也不应对受访者的回答进行主观的价值判断，否则会影响访谈的正常进行。

访谈时间不宜过长，可以在事先列好提纲的基础上开展访谈，合理把控时间。访谈结束后，要表示感谢。

四、访谈法的优缺点

（一）访谈法的优点

（1）可以迅速获得广泛而深入的有效信息。

（2）操作简单，可以进行深度访谈。

（3）资料真实、可靠。

（二）访谈法的缺点

（1）要求访问者具备优良的人际交往能力。

（2）对于敏感问题，受访者未必会提供真实答案。

（3）需要一定的成本，包括时间、金钱、人力、物力等。

五、访谈法的应用案例

【例】《应用专题小组访谈法与个人深入访谈法对某医学院校大学生手机成瘾现状研究分析》[①]。

分析：此论文运用访谈法，包括专题小组访谈法与个人深入访谈法，探讨大学生手机成瘾的现状。访谈结果显示，专题小组访谈（样本数为 70）中有 56 名（80.0%）学生存在手机成瘾现象，有 44 名（62.9%）学生对手机成瘾现象持中立态度；个人深入访谈（样本数为 52）中有 41 名（78.8%）学生存在手机成瘾现象，但都具有一定的自制力，能够正确看待这一现象，有 33 名（63.5%）学生对手机成瘾现象持中立态度。

① 徐梓虔，李怡霖，杨佳．应用专题小组访谈法与个人深入访谈法对某医学院校大学生手机成瘾现状研究分析［J］．中国健康教育，2023，39（11）：1006-1010，1022．

第13节 问卷法

【教学目标】

1. 掌握问卷法的步骤。

2. 培养学生设计和实施问卷调查的能力，以及收集与分析数据的能力。

【教学内容】

1. 何为问卷法。

2. 问卷的类型。

3. 问卷法的步骤。

4. 问卷法的优缺点。

5. 问卷法的应用案例。

【重点与难点】

1. 重点：问卷法的步骤。

2. 难点：设计问卷和问卷分析。

【教学方法和策略】

1. 案例分析：展示实际案例，分析问卷法在研究中的应用。

2. 实践操作：安排实际操作环节，让学生设计并实施简单的问卷调查。

【具体内容】

一、何为问卷法

问卷法就是通过问卷进行调查并获取信息的方法。问卷法是社科研究中经常使用的基础研究方法。

以前问卷多为现场发放、邮寄，现在问卷多为现场发放、邮件发送、朋友圈发送等。

二、问卷的类型

根据分类标准不同，问卷可以分为不同的类型。

问卷按照设计的封闭性或开放性，可以分为结构式、无结构式和半结构式三种类型。结构式问卷为选择题，便于答题，回收率高，便于统计分析，但答案固定，不利于深入分析。无结构式问卷为自由答题，没有备选答案，被试者可以自由回答，适用于略微复杂的情况。无结构式问卷答题自由，可以获得丰富、深入的资料，但是不便于统计，也不便于定量分析。半结构式问卷是结构式问卷和无结构式问卷相结合的形式。

问卷按照填写方式，可以分为自填式问卷与访问式问卷。自填式问卷是由被调查者自己填写的问卷，调查者不会在旁边进行解释。访问式问卷是由调查者根据问卷向被调查者提问，然后根据被调查者的回答进行填写的问卷。访问式问卷是访谈和问卷的结合，可以是当面访问，也可以是电话访问、集体访问等。在调查对象不识字的情况下，自填式问卷法就不太适合，访问式问卷法更为可行。

三、问卷法的步骤

（一）问卷设计

问卷法中最关键的一步是问卷设计，问卷设计的内容和形式决定了问卷的回收率和调查结果的深度。

问卷的结构一般包括标题、前言、问题、答案。

调查问卷要有一个具体的标题，如“大学生就业情况调查问卷”等，不能直接命名为“调查问卷”。在前言中需简要地说明研究目的、调查内容、答卷需要的时间、保密情况、致谢等。问题中可以调查答题者的个人信息，但不应过度收集，不要收集和研究无关的信息。

（二）问卷的发放和回收

问卷应尽量通过一定的组织发放，这样有利于回收问卷。例如，上课时发放、上班时发放等。也可以通过互联网发放，现在比较普遍的方法是通过朋友圈发放，但是通过朋友圈发放的回收率低，并且人员身份不可控，随机性比较高。

问卷也可以采取电话访问、当面访问的形式，这样回收率比较高，过程可控，可以进行深入交流，但费时费力，成本较高，隐私性较差，对访问人员的沟通能力也有较高的要求。

有时候也会采用邮寄问卷、报纸问卷、期刊问卷、网页问卷等形式。

（三）问卷的整理和分析

首先要剔除无效问卷，如全部选 A 的问卷、答非所问的问卷等。

然后对问题和答案进行编码。定量分析可以借助各类软件（如 SPSS 等）进行分析。定性分析应当避免研究者的主观性，应保持科学、公正的态度，尊重结果，不歪曲结果。

结论应尽量依据理论进行形而上的升华，或者推进理论、概念的完善。

四、问卷法的优缺点

（一）问卷法的优点

（1）能够迅速收集到大量信息，效率高。

（2）调查对象可以自由发表意见。

（3）标准化程度高，容易进行量化分析。

（二）问卷法的缺点

（1）问卷设计有诸多要求，需要经过专业学习。

（2）自填式问卷法对调查对象的文化程度有一定要求。

（3）对调查对象的合作度有一定要求，调查者期望能够得到真实答案，但是被调查者可能会随意填写问卷。

（4）灵活度不够，大多数问卷是从有限的选项中选择，难以应对复杂情况。

五、问卷法的应用案例

【例】《学生心目中的教师形象：一个跨文化的比较》①。

分析：此论文采用问卷法，以北京市的4850名中小学生为调查对象，考察了中小学生心目中的教师形象，并进行了中日美跨文化比较。结果表明，中国学生最看重教师的职业道德；日本学生也重视教师的职业道德，同时也非常看重教师的教学能力；而美国学生把教师的人格特征放在最重要的位置，最不关注教师的教学能力。

① 李琼．学生心目中的教师形象：一个跨文化的比较［J］．比较教育研究，2007（11）：18–22.

第14节　图像分析法

【教学目标】

1. 理解图像分析法在学术研究中的前沿性和应用价值。

2. 掌握图像分析法的基本方法。

3. 培养学生利用前沿研究方法进行学术研究的能力。

【教学内容】

1. 何为图像分析法。

2. 图像分析法的三个层面。

3. 图像分析法的应用案例。

【重点与难点】

图像分析法的三个层面。

【教学方法和策略】

1. 案例分析：展示图像分析法在学术研究中的应用案例。

2. 小组讨论：讨论图像分析法的应用领域及应用价值。

【具体内容】

图像研究是近年来文学、历史学、人类学、民俗学等领域的研究热点之一，已经形成了一个交叉研究领域。

一、何为图像分析法

图像也是一种文本，图像分析法也是一种文本分析法。

图像分析法是通过对图像进行细致解析，从图像的表层深入到图像的深层，去解析那些不能被普通观赏者所把握的深层意义。

二、图像分析法的三个层面

在“文本分析法”部分，我们讲过，文本分析法要分析文本的三个层面：自然层面、作者层面、研究者层面。图像也是一种文本，图像分析法也可以分为这三个层面。①

（1）自然层面：看懂图像，读懂图像的表面意思。要求研究者了解一些画法，具备基本的识图能力。有些图像较难辨认，如一些出土图像；有些图像需要读懂其象征意义，如三足鸟象征太阳、蟾蜍象征月亮等。

（2）作者层面：读懂作者通过图像想要表达的内容。要求研究者具备基本的历史文化知识素养，能够在作者的语境中解读作者。

（3）研究者层面：从研究者的立场，评判作者及图像。根据研究者所在的研究领域，与相关理论、概念对话，推进理论建设。

三、图像分析法的应用案例

【例】《变异与新生　〈长恨歌〉在日本江户时代的文图流播》②。

分析：此论文以一组图像——日本江户时代众多《长恨歌》的插图本和绘卷为材料，通过图像比较，发现：①江户时代的插图本和绘卷继承了平安时代以来的鉴赏传统；②具有通俗性、趣味性等鲜明的江户时代特点；③出现了从“悲”到“喜”的审美转换。由此得出结论：文学文化变异与图像和媒介有密切关系，文与图的互动中生发出不同的审美情趣与价值取向，即“文化新生”。

① “图像分析法的三个层面”参考了：北京外国语大学穆宏燕在讲座《波斯文学作品中细密画插图的隐含叙事》中将图像分析分为三个层次：（1）自然意义：图像中画了什么；（2）常规意义：图像讲述了一个什么故事；（3）本质意义：图像表达了什么，即其文化意义、政治意义。

② 丁莉．变异与新生　《长恨歌》在日本江户时代的文图流播 [J]. 日语学习与研究，2022（4）：24-39.

【例】《宋代绘画对日本的影响：以〈潇湘八景图〉为例》[①]。

分析：此论文以《潇湘八景图》为例，探讨中日文化交流史的特征。《潇湘八景图》在日本的经历有如下变迁：①初到日本时被日本的统治阶级视为珍宝，将其看作权力的象征，促成了日本水墨画的形成，同时由于其与诗歌紧密关联，更容易被理解和接受，因而受到了特别的青睐；②经历了几个世纪的蜕变，这八个主题中的特定景物越发简洁，最终变成代表日本人意象中的中国的“特定符号”，流行在江户时代（1603—1868年）的各个阶层；③画家们用不同的方式将这些“特定符号”隐藏在作品中，引起不同阶层的读者对中国这个他们共同向往的国度的联想。由此可见，日本对中国文化的吸收都是有选择性的，他们按照自己的喜好在无意中创造了“和式中国文化”，这是中日文化交流史上一个值得注意的重要特征。

① 金靖之.宋代绘画对日本的影响：以《潇湘八景图》为例［J］.上海博物馆集刊，2022（00）：359-392.

第15节　口述史法

【教学目标】

1. 理解口述史法在学术研究中的前沿性和应用价值。

2. 掌握口述史法的特征、价值。

3. 培养学生利用前沿研究方法进行学术研究的能力。

【教学内容】

1. 何为口述史法。

2. 口述史法的特征。

3. 口述史法的价值。

4. 口述史法的应用案例。

【重点与难点】

1. 重点：口述史法的特征。

2. 难点：运用口述史法进行选题和学术研究。

【教学方法和策略】

1. 案例分析：通过实例解析和讨论，展示口述史法在学术研究中的应用案例。

2. 小组讨论：讨论口述史法的难点所在。

【具体内容】

口述史法是近年来的热门研究方法，随着学科间的交叉融合，口述史法被广泛应用于历史学、人类学、社会学、民俗学、传播学等人文社科领域。

一、何为口述史法

口述史也称口碑史、口头史等，口述史法是通过调查、访谈，采集人们口述的历史资料的方法。口述史是历史学与社会学、民族学、人类学等注重田野工作（即实地调查）的学科相结合的产物。

口述史研究是文字史研究的重要补充。

二、口述史法的特征

口述史法具有以下特征。

第一，社会史的研究视角。传统史学重视官方记录和文字记录，以文献研究为主。口述史重视民间口头资料，其在复原历史方面，有档案和文献资料无法替代的价值。

长期以来，历史研究重视政治史、精英史，历史资料多以王侯将相为主角。口述史则重视被宏大历史叙事遮蔽起来的社会史，即个人史、民众史、生活史。口述史为普罗大众、女性、边缘群体等发声，在政治、经济、社会、宗教、文学、艺术、民俗等各领域修补并重建历史。口述史的兴起促使历史研究从精英史转向庶民史和边缘史，从政治史研究转向社会史研究。

第二，资料收集方法以参与观察和访谈为主。口述史的资料主要是口述记录和观察记录，其中口述记录是最核心的部分。

口述记录要逐字逐句整理成文字，不能归纳概括，也不能对文字进行修改，以保持发言的“原汁原味”。口述过程中的肢体动作、表情等，也要记录在内。同时，在参与观察过程中获取的照片、录音、影像、实物等都可以作为辅助资料。

第三，资料分析方法以描述、归纳、阐释为主。通过分析口述记录和观察记录，对社会现象、社会问题进行描述、归纳，并加以适当阐释，实现对社会问题的深入分析。口述史研究多为定性分析，一般不做定量分析。

第四，整体性的研究视野。口述史研究把和研究对象相关的历史、政治、经济、社会、宗教等因素都考虑在内，在宏阔的时空背景中对研究对象进行整体性研究。

三、口述史法的价值

口述史法也受到了一定的质疑，主要的争议点是，口述的“记忆”不一定是真实的，如何依靠这些不可靠的“记忆”重建真实的历史？

人总是会遗忘，会有选择性地记忆，会有差错，口述史记录下来的资料并不一定是当年的史实。关于是否记录了“真实史实”，口述史认为，口述史的记录固然不一定是史实，但文字资料的记录也不一定是史实，并不能由于其记录可能不真实而否定它的史料价值。

同时，虽然口述史记录下来的事件可能与当年的史实有出入，但“他是这样记忆当年那样的历史”，“记忆者”本身是真实的。而且，即使被采访者口述的“事件”存在一些误差，但是他们记忆下来的“情感”都是真实的。这里出现了“历史真实”和“记忆真实”的问题，这也是近年热门课题——“记忆论”讨论的问题。

因此，不可否认，口述史法具有重要的价值，是文献法的重要补充。

四、口述史法的应用案例

【例】《日本民众文化的原乡：被歧视部落的民俗和艺能》[①]。

分析：说起日本艺能，人们常常会想到能、歌舞伎、人形净琉璃等阳春白雪，此书将目光投射到日本艺能中的下里巴人——门前戏和街头卖艺，作者认为，日本艺能中的精华起源于身处日本社会边缘的被歧视部落民众所传承的“贱民文化”。文献对下里巴人的艺能记载得比较少，口述史法是非常合适的。此书作者

① 冲浦和光．日本民众文化的原乡：被歧视部落的民俗和艺能［M］．王禹，孙敏，郑燕燕，译．北京：社会科学文献出版社，2015.

冲浦和光从20世纪70年代后半期开始，先后走访了日本近畿以西地区一百多个具有悠久历史的部落，采访当地的故老和乡土历史学家，聆听他们对往事的种种回忆，观摩他们留存下来的史料、古迹和物件，由此记录下纪州汤浅的门前戏——春驹、巡演三百余年的鸟取县园通寺的木偶舞、三次市的鸬鹚，记录下部落民祖祖辈辈将门前戏和街头卖艺作为谋生手段传承下来的艰辛往事，描绘出顽强生活的民众实像，探讨了日本民众文化的起源。此书是对即将湮没在历史尘埃中的日本"贱民文化"的珍贵记录。

【例】《终极抢救与规范之作：评〈烽火记忆——一百名抗战老战士口述史〉》[①]。

分析：抗战史是增进民族情感、凝聚民族力量不可替代的历史资源，抗战口述史研究是当下口述史研究的一个热点。《烽火记忆——一百名抗战老战士口述史》于2018年出版，其中收录了102位抗战老兵的珍贵抗战记忆。该书受访人数众多，访谈程序和素材整理规范，是对抗战史的抢救性记录。

【例】《口述史与重庆妇女抗战》[②]。

分析：口述史对研究妇女抗战史具有重要作用。口述史不仅可以为我们提供文字档案中鲜有的资料，还可以帮助我们开拓新的抗战妇女研究视野。通过此研究可以看出，中国的抗日战争是一个性别化了的课题，应看到抗战时期中国普通妇女在日常生活中的重要性，重新思考"反抗侵略"在中国抗日战争史中的释义，并重新思考中心与边缘的问题。

---

① 李继锋．终极抢救与规范之作：评《烽火记忆——百名抗战老战士口述史》[J]．抗日战争研究，2019（2）：138-141.

② 李丹柯．口述史与重庆妇女抗战 [J]．中华女子学院学报，2013，25（5）：83-89.

第 16 节　四重证据法

【教学目标】

1. 理解四重证据法的前沿性及其在学术研究中的重要性。

2. 掌握四重证据法的应用方法。

3. 在实践中培养创新性思维，培养中国当代年轻学子的学术使命担当。

【教学内容】

1. 何为四重证据法。

2. 四重证据法的形成。

3. 四重证据法与西方理论的对话。

4. 四重证据法的应用案例。

【重点与难点】

1. 重点：何为四重证据法。

2. 难点：多重证据的综合运用。

【教学方法和策略】

1. 讲授：讲解四重证据法的具体内涵与理论价值。

2. 案例分析：分析四重证据法相关案例，并探讨其特点和优势。

3. 小组讨论：四重证据法的难点。

【具体内容】

四重证据法由上海交通大学叶舒宪提出[①]，是新兴交叉学科——文学人类学的重要研究方法，是人文学科、自然科学、社会科学之间跨学科、跨领域的范式革新。

---

① “四重证据法”的内容参考了：杨骊，叶舒宪. 四重证据法研究 [M]. 上海：复旦大学出版社，2019.

一、何为四重证据法

四重证据法是运用四重证据，相互印证，相互支撑，进而推断历史的研究方法。四重证据分别为：

（1）第一重证据：文字训诂考据。

（2）第二重证据：出土文献（如甲骨文、青铜器上的铭文等）。

（3）第三重证据：人类学资料，包括口传的神话传说、活态的民俗礼仪、祭祀象征等。

（4）第四重证据：考古实物及图像。

四重证据法和田野调查关系密切。通过文献调查、田野调查，将采集到的四重证据相互印证，由此进行推断、论证。四重证据法被广泛应用于文学人类学、神话学、民俗学等研究领域。

值得注意的是，有学者提出，证据可能不止四重，还有第五重、第六重等，如生物学证据、数理推理证据等。随着时代的发展，四重证据法也在不断发展。

二、四重证据法的形成

中国国学研究的传统是文献研究，文献是第一重证据。

1925 年，王国维提出“二重证据法”，将甲骨文作为新知识和新证据，成为文献证据的补充。

20 世纪 80 年代，饶宗颐、杨向奎、汪宁生等分别提出发展“三重证据法”的思路。到 20 世纪 90 年代，叶舒宪界定了“三重证据法”，提出第一重证据是文字训诂考据，第二重证据是出土文献，第三重证据是人类学、民族学的参照材料。2008 年，叶舒宪明确第三种证据为“民俗学、民族学所提供的相关参照材料，包括口传的神话传说、活态的民俗礼仪、祭祀象征等”。

21 世纪初，叶舒宪将考古实物及图像命名为“第四重证据”，发展出“四重证据法”。

从四重证据法的形成来看，学术理论的建构需要代代学人的不断努力。当代学子更应该勇担时代使命，认认真真、踏踏实实地做学问，推进中国学术大厦的建设。

三、四重证据法与西方理论的对话

四重证据法是中国学人独立创造的研究方法，并积极地与西方理论进行了对话。

美国人类学家罗伯特·雷德菲尔德（Robert Redfield）在20世纪50年代提出的“大传统和小传统”（Great Tradition and Little Tradition）概念，以掌握文字书写权力的精英文化为文化的大传统，将没有文字权力的民间口传文化视为小传统。叶舒宪对这一“大小传统之说”进行了反向改造。他认为，从出现的时间先后顺序看，必然是口传文化在前，那是数以万年计的文化传统，我们应该称之为文化的大传统；书写文化在后，它只是数以千年计的文化传统，所以相对于文化大传统，只能算是文化小传统。

这样，第一重证据文献研究以小传统研究为主，而通过四重证据法，可以放眼大传统，对数以万年计的民族文化大传统，特别是没有被文字记载下来的各种事象，进行深入、全面的互动研究。

四、四重证据法的应用案例

【例】《面对三星堆的失语：四重证据法重建思想史原点》。①

分析：三星堆的新发现举世瞩目，但当下本地学者却呈现出失语现象。此论文为这一失语现象提供了解决路径。此论文认为，中国比较文学研究中交叉学科研究的优势，尤其是文学人类学的理论和方法论使解读三星堆文化具有可操作性：无文字的传统为

① 叶舒宪.面对三星堆的失语：四重证据法重建思想史原点［J].中外文化与文论，2023（2）：12-23.

文化大传统，适合大传统研究的是四重证据法。此论文以三星堆与金沙遗址祭祀成百上千根象牙的神圣编码意义为对象，强调欧亚大陆人象关系三万年传统的文化脉络，并由此重建思想史的原点，对汉语传统的“象”“意象”“想象”等关键词做出深度阐释。

【例】《稻作背景下的苗族与日本》①。

分析：此书内容横跨稻作史、考古学、人类学、民俗学和中日文化交流史，其视野开阔，考证翔实，结论具有开创性和颠覆性。书中从稻作文化的视角，运用语言人类学和考古人类学的方法，基于多学科交叉互证，得出了令人耳目一新的结论：

（1）苗族起源于湖南澧阳平原的城头山遗址。

（2）古苗人早已将野生稻驯化为栽培稻。

（3）蚩尤后裔早已将稻作农耕传入日本列岛。

（4）日本稻作文化带有鲜明的中国苗族基因。

（5）日本皇族源自中国苗族。

① 李国栋．稻作背景下的苗族与日本［M］．北京：中国社会科学出版社，2019.

模块四　学术规范

学术规范体现在两个方面：一是论文内容规范化，包括研究领域、问题意识、研究方法等，要求选题新颖、观点鲜明、逻辑清晰、论证严密、结论基本正确；二是论文形式规范化，即学术论文的固定格式，包括组成部分、格式要求等。内容是形式的内在逻辑，形式是内容的外在表现。

本书前述三个模块关注学术规范的内容，第四个模块关注学术规范的形式。在实践中，前三个模块为提笔落字之前的前期工作，从第四个模块才开始提笔撰写开题报告、项目申请书、论文前言等。由此也可以看出，提笔之前，我们要做大量的前期准备工作，这些工作正是“开题报告”之前要完成的艰巨的脑力工作，也是论文撰写的“蓝图”。因此，一定要高度重视开题报告，开题报告写得好，后面论文撰写就会事半功倍。

本模块讲授论文的“形式”。因为论文具备较为固定的格式，同时必须具备内部的科学性和学术性（即前三个模块讲授的内部逻辑性），因此学术论文也被戏称为“科学的八股文”。虽然形式好了，内容不一定好，但该有的形式都有了，至少表明学生了解了这里该写什么，只是由于学识尚浅，功力还不够，所以内容质量欠佳。随着学习时间的增加，逐渐抓住学术写作的精髓而越写越好、渐入佳境时，便可以不拘泥于形式，进入学术写作的“化境”了。

一篇学术论文，大致由题目、摘要、关键词、前言、正文、结论、参考文献、附录、致谢等部分组成。题目、摘要、关键词虽然出现在论文的最前面，但往往是最后才写。在本模块，我们按照写作顺序，逐一讲授这些部分的形式要求和注意事项。

第17节 前言

【教学目标】

1. 理解前言的重要性。

2. 掌握前言的格式规范。

【教学内容】

前言的格式规范。

【重点与难点】

前言的结构。

【教学方法和策略】

1. 案例分析：展示实际案例，分析开题报告的写法。

2. 小组讨论：开题报告的哪几部分是重点？

【具体内容】

前言，也叫作引言、导言、序论、绪论、问题提起、问题缘起等，是正文的“引子”。前言是论文中最难写的部分，其内容涵盖了第一模块“研究领域”、第二模块“问题意识”、第三模块“研究方法”等，是论文中含金量最高的部分。

论文前言的内容，与开题报告、项目申请书表格中填写的内容基本一致，三者的工作量占全部工作量的一半。其中，开题报告表格（参见附录1）中需要填写的内容大致包括论文题目、研究目的、文献综述、参考文献、研究方法、研究内容与论文提纲、可行性与创新点等。下面将逐项讲解。

一、题目

在第二模块“问题意识”部分，我们已经讲过题目的五要素，指出一个好的论文题目一般要包括五要素中的2～3个，以3个为佳。

不过，在开题报告阶段，或者在写论文前言的时候，研究进度一般才达到 50% 左右，往往还做不到拟出完美的论文题目。可能在写完全文时，才发现题目不够好，需要重新调整。也就是说，随着论文进度的推进，可能会随时对题目进行调整。这种调整，只是题目措辞的调整优化，这不仅是允许的，而且是必要的。

题目措辞的调整并不是“换题目”。“换题目”是指放弃原来的课题，重新选择一个课题。一般来说，在开题之前，随时可以换题目，一旦开题结束，就不允许换题目了。如果必须换题目，则需要重新走一遍开题的流程，严重的会导致延期毕业。

二、研究目的

研究目的，也可以叫作研究背景、选题意义、研究意义等。研究目的包括两方面的内容，即学术意义和实践意义。

（一）学术意义

我们要做的研究工作首先要与学术圈进行对话，要有学术意义。学术意义是指在某研究领域的理论方面有一定贡献。因此，首先要明白自己的研究属于哪个研究领域。这里的研究领域并不是宽泛的学科，如文学、历史学、社会学等，也不是学科下的研究方向，如日语语言学、日本文学等，而是研究方向下的、更小的领域。这个领域往往以研究理论、研究方法、研究对象等命名，如叙事学领域、图像学领域、《源氏物语》领域等。我们的研究就是要在这个小的“研究领域”中有所贡献。

有的课题属于交叉学科、交叉领域，但不论如何交叉，总是以其中一个研究领域为主。要根据自己的创新点（贡献），把自己的研究放在“一个”研究领域里。这样，后面的文献综述也围绕这“一个”研究领域展开，就会论题集中，线索清晰。

学术意义、研究领域、文献综述、研究对象存在内部的、紧密的逻辑关系。论文在行文过程中，要保持内部的一致性，不要产生逻辑错位。例如，有一个学生要写“柳田国男的《话说祖先》研究”这样一个课题，但是他的学术意义写的是“研究日本的祖先信仰是十分重要的”，这就产生了研究领域和研究对象的错位。“柳田国男的《话说祖先》研究”这一课题，研究对象是《话说祖先》这本书，通过这本书研究柳田国男的思想，属于思想史研究领域的“文本研究”，因此其学术意义应写“研究柳田国男思想、研究《话说祖先》这一文本如何重要”，并在“正文”部分对《话说祖先》中的思想内容进行细致的文本分析。如果“研究日本的祖先信仰”是十分重要的，那么应该做“日本祖先信仰的××研究”这样一个课题，在做这个课题的时候，柳田的《话说祖先》应该出现在“文献综述”部分的前人研究中。也就是说，如果研究某一事物，就要直接研究这一事物，而不是研究“研究这一事物的一本书”。

这种逻辑错位也经常出现在翻译报告的“学术意义”中。例如，有的学生做“《日本老龄化社会》翻译实践报告”时，在学术意义部分写道“研究日本的老龄化社会非常重要”。而“《日本老龄化社会》翻译实践报告”应归属翻译领域，所以学术意义部分需要阐明自己“翻译”这本书对“翻译”领域的贡献。如果觉得“研究”日本的老龄化社会非常重要，就应该直接“研究”“日本的老龄化社会”，做一个“日本老龄化社会的××研究”这样的“社会学”领域的“研究”课题，而不是“翻译”“研究日本老龄化社会的一本书”。如果要“翻译”一本书，就要讲自己“翻译”这本书的重要性。

（二）实践意义

一项学术研究工作除了要有学术意义，还要有实践意义，即与自己所属的"时""空"对话——我的研究对"当下"的"中国"有何意义，即回答时代命题。

例如，当下我国的时代命题包括"乡村振兴""讲好中国故事""人类命运共同体""人工智能"等，我们的研究将会如何回应这些时代命题，参与到"中国建设"中，这是学术研究的实践意义。

例如日语语言学领域，"A 词和 B 词的语义区别"虽然是一个很好的传统选题，但在当下似乎缺乏一点时代特色，容易让人疑惑弄清楚两个词的词义区别对当下有何巨大意义？如果能将其和人工智能嫁接起来，就很可能会发现传统研究课题的新生命、新使命。

例如日本文学领域，"人物形象研究"也是一个很传统的选题，如果能找到合适的一个或者一群人物，来探索"作为个人如何参与到人类命运共同体的建构中""作为个人如何讲好中国故事、日本故事、区域故事"等，就能够把自己小小的课题融入时代洪流中，就可以"把论文写在祖国大地上"。

学术研究，是需要与时代对话的，是需要与时俱进的。

三、文献综述和参考文献

开题报告的重中之重是文献综述，文献综述的后面还要附加参考文献目录。

（一）文献综述

在文献综述部分，要通过对文献的综述找到研究领域中的问题所在，从而发现值得研究的课题。因此，文献综述部分本质上是对因果关系的梳理。

文献综述部分经常出现如下问题：

（1）罗列文献，没有对文献进行分类和分析。常见的写法是：甲认为……，乙认为……，丙认为……，所以我要研究……。这里虽然写了“所以”，但本质上是罗列相关研究，并未分析其中的因果关系。

（2）文献按照中日两国进行国别分类。常见的写法是：中国学界的研究……，日本学界的研究……。文献应按照问题内在的研究逻辑进行分类，不应按照国别分类。中日学界对共同问题的研究应放在一起进行讨论。

（3）权威文献缺失，或引用低水平文献。文献综述中出现的文献应该是“精品文献”。

（4）文献批评所用言辞不当。凡是出现在文献综述中的文献，都应该是“精品文献”，都应该是值得致敬的文献，因此要注意措辞，不要过分批评和贬低他人的工作。他们的研究正是因为做得好，才会出现在我们的文献综述中。

（5）文献批评中指出的问题并不是自己要解决的问题。例如，有的学生指出“前人偏向于共时研究，尚未做历时研究”，但是后面发现他做的也是共时研究。正确的逻辑应该是，因为在文献批评中发现了问题，所以后文中要解决这个问题。前人偏向于共时研究，所以我们要做历时研究。

（二）参考文献

参考文献的书目首先要与文献综述部分呼应。文献综述中的全部文献都要出现在参考文献中——如果有人对文献综述中的文献感兴趣，就可以根据参考文献中的书目信息去查找。

参考文献的书目还要与研究方法呼应。例如，有的学生用文献法进行研究，要查阅诸多档案，那么相关档案的信息就需要出现在参考文献中。

四、研究方法

首先要注意，研究方法部分要求填写的内容是“运用何种方法，如何运用”，而不是“研究方法的定义和解释”。例如，如果采用访谈法，就要写明要去哪里，访谈哪些人，具体有谁，为什么要访谈这些人，等等。而不是写上采用访谈法，并大段解释何为访谈法。评阅开题报告、项目申请书的人都是专家，不需要向专家解释基本的学术术语，而是要解释具体如何运用这一方法。

研究中可以运用多种方法，但尽量不要超过三种。按照写作过程，可能会有收集资料的方法、分析资料的方法、构造理论的方法等。应尽量将创新性的方法写出来，常规的研究方法不写亦可。

如果是运用文本分析法分析文学作品，一定要有用于指导文本分析的理论或概念。“文本分析”本身是一个非常笼统的说法，如果没有理论指导，很容易写成主观性的感想文，而不是客观、科学的学术论文。

除了历史研究，尽量不要写“文献法”。历史研究中的“文献”主要是指零次文献。收集论文并摘抄整理汇总各家观点，生成的是一篇文献综述，而不是一篇学术论文。

五、研究内容与论文提纲

研究内容与论文提纲的内容一致，只是填写方式不同，前者是文字叙述，后者是提纲条目。

这部分主要考察论文内部结构的逻辑性。如果是围绕核心概念展开论述，那么或者是通过已有的核心概念结构（概念结构化）来搭建论文框架（演绎型论文），或者是通过论文框架来搭建核心概念结构（归纳型论文），由此呈现出清晰的论文逻辑。

六、可行性与创新点

论文必须具备可行性，才能顺利产出研究成果；必须具有创新点，研究成果才有价值。

（一）可行性

可行性具有两层含义：一是指论文内部的可行性；二是指论文外部条件的可行性，即是否有充足的客观条件支持。

1. 论文内部的可行性

例如，如果选题是“川端康成研究”，评委老师一定会说“必须缩小题目”，研究川端康成的“什么文本”里的“什么”点。

一般认为，一篇论文题目不宜太大；不要同时做历时研究和共时研究；尽量避免围绕两个或两个以上核心概念搭建论文提纲；当把 A 领域的理论或方法挪用到 B 领域时，需要注意理论挪用、方法挪用的可行性和适用性。

2. 论文外部条件的可行性

有些很好的课题需要外部资金、设备、文献、个人能力等条件的支持，如果没有这些条件，课题就无法进行。因此，要在“想做什么”与“能做什么”之间找到平衡点。

例如，日语本科生尽量不要做“敬语”研究，本科生功力尚浅，“敬语”难度较大，恐难驾驭。

例如，有学生想做“在日朝鲜人”的相关课题，可是他既不懂朝鲜族的语言，也没有资金和时间去日本做调查，那么这个课题就不具备实现的外部可能性。同样，“日本女性的职场生态研究”“俄罗斯藏中国抗战史料研究”等课题，可能不适合无法出国调查、查找资料的人。

另外要注意，可行性是要证明“我已经具备了做好这个课题的内部条件和外部条件”，而不是写“我未来会克服哪些困难做好这个课题”。例如，有的学生会写“有一些日文图书还没有拿到，会去找在日同学帮忙购买”，学生想说的是“未来我会完成任务”，而评委看到的却是“目前还没有拿到应该拿到的图书”。类似的情况还有“未来会进一步学习某领域的理论和知识”。这种明目张胆地表明“我还没有准备好”的开题报告，评委们怎么会让其通过呢？这种情况应该写，“虽然某些日文书籍在国内很难找到，但是我已经买到手了”，“这个课题需要某领域的基础理论，但是由于某种机遇我已经完全掌握了这些理论”。

（二）创新点

在“问题意识”部分已经讲过，创新点可以分为新问题、新理论、新方法、新材料、新结论。一篇论文中的创新点以 1 ～ 3 个为宜。

本科生虽然功力尚浅，但是只要认真地做好文献综述，完全有能力进行创新。一定要有信心、有志气，争取写出出色的学术论文。

七、前言的结构

总之，开题报告的内容和论文的“前言”是一致的，都包括以下结构和内容。

前言

1. 研究目的

（1）学术意义（确定研究领域）

（2）实践意义（回应时代命题）

2. 文献综述

（1）文献分类（应慎重思考分类标准，避免为了分类而分类）

（2）文献批评（这部分是文献综述的重点）

（3）发现问题（应与“文献批评”相呼应，呈现因果关系）

3. 研究方法

（1）研究内容（应与“发现问题”相呼应，呈现因果关系）

（2）核心概念（概念及结构化）

（3）研究方法（应写出“如何运用”这一方法）

（4）创新点

第18节　正文

【教学目标】

1. 理解论文内部的逻辑关系。

2. 掌握正确的格式规范。

3. 学会运用常用的日语论文写作句式，丰富论文表达方式。

【教学内容】

1. 正文的逻辑。

2. 常见标题格式。

3. 语句规范。

4. 引用与注释规范。

5. 图表规范。

6. 格式美观。

【重点与难点】

1. 理解论文内部的逻辑关系。

2. 理解“形式”的重要性。

【教学方法和策略】

1. 句式练习：进行常用句式练习，使学生能将其灵活应用于论文撰写中。

2. 案例分析：展示案例论文，分析其中的格式规范。

【具体内容】

元代陶宗仪曾提出文章“六字法”，曰“凤头、猪肚、豹尾”。在论文里，是指提出问题要漂亮精彩，结论要简洁有力，而正文则要论证丰富。由于研究工作涉及的学科、选题、研究方法、工作进程、结果表达方式等有很大的差异，对正文内容不作统一规定。但统一的要求是：论点清晰，合乎逻辑，脉络清楚，层次分明，简练可读。

一、正文的逻辑

正文是论文的论证部分，也是论文的主体，占据论文的最大篇幅。论文所体现的创造性成果都将在这一部分得到充分的体现。

正文审查的重点是正文内部的逻辑关系。具体表现在以下四个方面：

第一，论点要正确、鲜明、深刻、创新，全文围绕“一个”论点展开论证。学术论文有且只有一个中心论点，论证过程必须围绕这个中心论点展开，所有的材料都必须指向这个中心论点，以它为中心安排结构、取舍材料。只有牢牢把握一个中心，紧紧围绕一条主线，写出来的论文才能脉络清晰、浑然天成。如果出现两个或多个论点，论文就常常会群龙无首、杂乱无章、不知所云。论文在行文过程中不能偏离论点，材料宁少毋滥，不能喧宾夺主。

第二，论文框架要逻辑严密、条理清楚，要围绕中心论点，搭建合理的论文框架。逻辑关系是否清晰是评价一篇论文质量的基本标准之一。逻辑关系首先体现在概念的结构化上，概念的结构化决定了论文的一级标题。一级标题相互呼应，共同构成全文的骨架，它们最大限度地体现了论文的内部逻辑关系。逻辑关系不仅体现在章与章、节与节的关系（各级标题）中，还存在于段与段、同一段落内句与句的关系（行文）中。各章、各节、各段的开头，可以用总括句、中心句概括本部分的主要内容。在开题报告的论文提纲中，应至少出现二级标题，以出现三级标题为佳，这样内容更丰富，逻辑更全面。论文提纲是审核论文逻辑的重点内容。论文正文也要合理构段，段与段之间、各段内句与句之间都要有内在的逻辑联系。特别要注意，在标题与标题之间一定要有过渡句表述其中的逻辑关系，进行各部分之间的联系与衔接。

第三，论据要客观准确、典型充分，要灵活运用各种论证方法，如例证、引证、类比、因果法、反证法等。论证是一个严密的逻辑思维过程，如果有余力，学习一下逻辑学基础是十分必要的。

第四，要学会取舍。一篇论文，思路清晰、文字干净是非常重要的。不要为了凑字数而把相关知识全部罗列进论文中，这样会干扰行文逻辑。

二、常见标题格式

论文常见的标题格式大致有两种。

第一种格式：

一级标题：一　二　三……
二级标题：（一）（二）（三）……
三级标题：1. 2. 3. ……
四级标题：（1）（2）（3）……

如果论文只有两级标题，可以一级标题用“一 二 三”，二级标题用“1. 2. 3.”；如果论文只有三级标题，可以一级标题用“一 二 三”，二级标题用“1. 2. 3.”，三级标题用“（1）（2）（3）”。

第二种格式：

一级标题：1　2　3 ……
二级标题：1.1　1.2　1.3 ……
三级标题：1.1.1　1.1.2　1.1.3 ……
四级标题：1.1.1.1　1.1.1.2　1.1.1.3 ……

这两种格式都可以使用，但切记不可以混用。有很多学生会使用以下格式：

一级标题：一　二　三 ……

二级标题：1.1　1.2　1.3 ……

三级标题：1.1.1　1.1.2　1.1.3 ……

四级标题：1.1.1.1　1.1.1.2　1.1.1.3 ……

注意：这是格式混用，是要避免的。

还有的学生喜欢用“章”“节”。一般来说，一节约 1 万字，一章约 3 万字，一本书通常有 4 ～ 7 章，总字数一般为 10 万～ 40 万字。从字数上来说，本科论文约为一节，硕士论文约为一章，博士论文为一本书。因此，本科论文一般避免用“章”“节”，博士论文一般用“章”“节”，硕士论文用“章”“节”或用“一二三”均可。

另外，前文讲过，在标题与标题之间一定要有过渡句，以表述其中的逻辑关系，进行各部分之间的联系与衔接。因此，在正文中不能连续列示若干级标题而无过渡部分，例如：

一、一级标题

（一）二级标题

1. 三级标题

这样的标题非常跳跃，会让读者摸不清行文逻辑。因此在标题和标题之间应有过渡句。例如：

一、一级标题

这里应有一些文字总括本部分的全部内容，阐明一级标题和下面几个二级标题之间的逻辑关系。

（一）二级标题

这里应有一些文字总括本部分的全部内容，阐明二级标题和下面几个三级标题之间的逻辑关系。

1. 三级标题

三、语句规范

论文行文必须语句规范。常见的语句规范如下：

（1）中文句子符合中文语法规范和语言习惯，日语句子符合日语语法规范和语言习惯。日语中有一些论文常用句式，具体请参考附录 2。

（2）表示论文的内部层次关系，可以用“第一、第二、第三、第四”，也可以用“首先、其次、再次、最后”，二者尽量不要混用。

（3）外国的人名和地名用词、用字要规范，如果已经有公认的说法，就要遵从语言习惯，如“马克思”不要写成“马克斯”，“马斯克”不要写成“马思克”。

（4）论文中尽量避免使用第一人称，如“我认为”“我们认为”“笔者认为”“本人认为”等，这样会使文章显得主观，可以替换为“可以看出”“由此看出”“以上表明”等。

（5）提及他人时，只写姓名、年份即可，不需要写头衔。例如，不需要写“张三教授（2024）指出”，写“张三（2024）指出”即可。

（6）不要过于谦虚。论文题目中不要出现“浅谈”“浅析”“试论”等词语，文中不建议使用“由于研究能力有限”等说法。

（7）政治性词语、宗教用语等要符合国家规范，可以参考《人民日报》和新华社文章中的用词。

（8）杜绝错别字。错别字是低级错误，一般认为，本科生写不出创新性论文是能力问题，但是出现错别字则是态度问题。本科生写不出高水平论文，评委们是可以接受的，但是学术态度不端正是不可以接受的。

四、引用与注释规范

引用与注释是学术论文的有机组成部分。

（一）引用

引用可分为直接引用、间接引用和转引。

直接引用是指引用原文。如果引用内容不长，只有一两行，可以直接用引号引用；如果引用内容较长，有五六行，就可以单独列成一段，并且缩进两格，表示原文引用。

间接引用是指用自己的话概括、转述他人的观点，既不能改变原文意思，也不能随意增加原文没有的内容。一般来说，除非必要，建议用间接引用。一方面，用自己的话转述原文内容，体现了对原文的理解与梳理，可以有效杜绝“虽引用原文，但其实根本没有读懂原文”的情况（特别是原文是外文的情况）；另一方面，直接引用是引用与原文献重复的文字，要计入“查重率”，使用间接引用可以有效降低查重率。

转引是指 B 文献引用了 A 文献的内容，在写论文时没有查找 A 文献，而是从 B 文献中摘抄了 A 文献的内容和相关文献信息，然后注明“转引自 B 文献”。一般情况下，本着严谨的态度，应尽量避免使用转引，应通过 B 文献找到 A 文献，并从 A 文献中进行直接引用或间接引用。实际上，在通过 B 文献查找 A 文献的时候，也可能发现 B 文献存在理解错误、引用错误等问题。为了避免这些错误，也应尽量避免使用转引。如果 A 文献为珍稀文献，实在不易获取，也可以采用转引。

（二）注释

注释就是在论文的正式文字之外对论文内容的解释和说明，以帮助读者更好地理解正文内容。

注释的内容一般包括：①不便写入正文，但对理解正文必不可少的内容；②前人研究的出处；③概念定义的出处；④资料、数据的出处。

注释的形式包括三种：夹注、脚注、尾注。

1. 夹注

夹注是在正文需要注释的地方用括号夹在正文里进行注释，注释的内容较少，文字较短。论文中的夹注一般采用“（张三，2024：9）”的形式，“张三”是作者名，“2024”是论文出版年份，“9”是引文出现的页码。

如果论文引用了张三在2024年发表的多篇论文，则分别采用“（张三，2024a）”“（张三，2024b）”“（张三，2024c）”的形式进行夹注。

如果“张三”出现在论文正文的行文中，则采用“张三（2024）指出……”的夹注方式。

如果注释内容较长，不方便采用夹注，可采用脚注或尾注，具体使用哪一种需要依据学校要求和期刊要求而定。

2. 脚注

脚注在当页最下端，由Word自动生成，便于读者阅读时查阅。

3. 尾注

尾注在论文末尾，由Word自动生成，便于读者查阅全部引用文献。

（三）伪注

引用和注释要求客观准确，信息不能有误。引用和注释一方面表明此研究有前人研究的坚实基础，表明作者严谨的治学态度；另一方面便于读者按图索骥，查找相关文献。

如果引用和注释的信息有误，则称为伪注。伪注包括作者错误、文献名称错误、出版时间错误、页码错误等。其中尤其要注意页码错误。在阅读文献时，如果发现别人引用了一段非常好的内容，自己也想引用，务必按照作者给出的信息查找文献进行复核，保证引用信息全部准确，防止以讹传讹。因此，在阅读文献做笔记时务必细心，要把文献信息写全、写对。论文评审时，评委如果发现有一处伪注，难免就会怀疑全部引文的真实性，这是很致命的。伪注和错别字一样，都属于致命的低级错误，必须努力杜绝。

五、图表规范

如果论文中有图和表，还应注意确保符合图表规范。

（一）排序

如果论文中只有1个图或1个表，则无须排序。如果出现2个以上的图或表，则应按照顺序分别编号，如图1、图2、图3……，表1、表2、表3……。

（二）名称

图和表都必须有名称。例如，“图5　2015—2020年东京都市圈各圈层就业人口占比变化”，“图5”与图的名称“2015—2020年东京都市圈各圈层就业人口占比变化”之间空一格，与题目同行，居中。

图的名称标于图下，表的名称标于表上。

（三）注释

如果图或表有注释说明，可放在相应图或表的下方。

（四）资料来源

如果图表的数据是引自他人研究，需要注明资料来源，一般置于图或表的下方。

（五）文字格式

对于图表内的数据，要标明计量单位，表格内的文字和数字一般居中布置。

图的示例如下。①

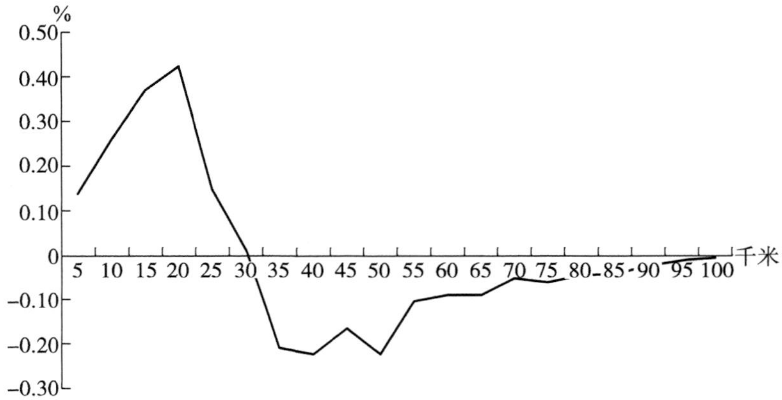

图 5　2015—2020 年东京都市圈各圈层就业人口占比变化

注：横轴为各圈层与都心（千代田区）的距离，纵轴为该圈层就业人口占东京都市圈就业人口的比重在区间内的变化值。考虑到口径变化因素，此处将采用新口径的 2015—2020 年数据单独进行计算。

资料来源：根据日本历年国势调查数据计算制图。参见：総務省統計局「令和 2 年国勢調査」，https://www.stat.go.ip/data/kokusei/2020/index.html[2023-06-30]。

表的示例如下。②

---

① 尹德挺，张锋．圈层视域下东京都市圈就业人口空间分布演变及其新动向[J]. 日本学刊，2023（5）：94-119，170.

② 尹德挺，张锋．圈层视域下东京都市圈就业人口空间分布演变及其新动向[J]. 日本学刊，2023（5）：94-119，170.

表 4　基于 IDW 空间插值的东京都市圈就业人口集中地区面积

（单位：平方千米）

区域	1980 年	1990 年	2000 年	2010 年	2015 年	2015 年（调整后）	2020 年
非就业人口集中地区	11804.40	11224.28	11084.31	11105.39	11176.58	10849.16	10677.73
就业人口集中地区（EPDID）	1218.34	1797.44	1938.06	1916.06	1845.48	2174.55	2344.38
次级就业人口集中区（Low-EPDID）	531.59	944.54	1092.23	1076.52	1011.25	1105.25	1185.11
高级就业人口集中区（High-EPDID）	664.63	841.26	840.42	839.53	834.02	956.89	1159.27
超级就业人口集中区（Super-EPDID）	22.12	11.64	5.41	0.00	0.21	112.41	229.15

注：2015 年和 2020 年数据口径与其他年份存在差异，无法进行直接比较。

资料来源：根据日本历年国势调查数据整理计算制表。参见：総務省統計局「令和 2 年国勢調査」，https://www.stat.go.ip/data/kokusei/2020/index.html［2023-06-30］。

六、格式美观

论文全文应做到格式美观，包括字体、字号、行间距等。具体的格式，因学校不同和期刊不同，其要求也不尽相同，请按照具体要求操作。

论文要求格式美观，并不仅仅是为了美观。前文讲过，格式美观能够反映出作者严谨的科研态度和论文的可信度。如果一篇论文字体前后不一、标点符号使用错误、图表不规范，那么给评委的印象就是作者态度不认真，进而就会怀疑论文中数据的准确性、论证的严谨性和结论的正确性。

在实际中，即使论文写得不太好，但如果格式美观，导师也会认真修改，提出意见；但如果格式不美观，就会让人心生不悦，不愿意读下去。

第19节 结论

【教学目标】

1. 掌握论文结论的基本内容。

2. 了解论文结论写作的注意事项。

【教学内容】

1. 结论的基本内容。

2. 结论写作的注意事项。

【重点与难点】

1. 重点：结论部分的写作要点。

2. 难点：确保结论部分与前言呼应。

【教学方法和策略】

讲解与示范：详细讲解结论部分的结构，并通过示例加以说明。

【具体内容】

结论是“豹尾”，要短小、精悍、有力。

一、结论的基本内容

结论是论文的精髓，是重中之重，体现了论文的贡献与价值。

从全文的结构来看，结论是全文的总结，起收拢全文的作用。一般来说，论文的结论包括三部分内容：

（1）简明扼要地介绍论文的新发现、新观点，概括文章的创新性内容。

（2）阐释论文的学术价值，即论文回应了学术界的什么问题（学术意义），或本研究结果可能的应用前景（实践意义）。

（3）总结研究的局限性，指明可能进一步深入研究的方向。这部分内容也可以不写。

二、结论写作的注意事项

（1）结论不宜太长，要简明扼要、条理清楚。

（2）结论重视“质”的提升，而非“量”的积累，不是对工作量的总结，因此不要写“论文进行了大量的实地调研”“采访了50位被访人”等内容。

（3）从结构上来说，结论应与前言提出的问题相呼应。写完结论之后，要重新修改前言部分，进一步调整提出问题的逻辑，并按照结论所获得的答案修正提出的问题。个别学生在写前言时提出“这个”问题，到结论部分却回答了“那个”问题。例如，有的学生在前言里面写，要研究政治类文本的翻译技巧，但写结论时回答的却是如何翻译长句。任何研究的推进都有不可预测的部分，回答了另一个问题也很正常，但写到结论时，务必重新修正前言，以保证前后一致。

（4）注意分寸，既不要夸大其词，如“国内首创”“填补空白”之类，也不要妄自菲薄、过于谦虚，如“以上只是笔者的粗浅研究，不足之处，请批评指正”。

（5）尽量不要展开新的讨论，不要再出现前文未提及的理论和视角等，尽量不要再引用他人的观点。

第 20 节　摘要与关键词

【教学目标】

1. 掌握摘要的基本结构。

2. 掌握关键词的提取方法。

【教学内容】

1. 摘要的基本结构。

2. 关键词的提取方法。

【重点与难点】

摘要的写作结构。

【教学方法和策略】

1. 讲解与示范：介绍摘要的基本结构，介绍关键词的要求和提取方法。

2. 案例分析：展示不同领域的论文摘要和关键词案例。

3. 分组讨论：学生分组讨论论文摘要、关键词范例，分析其优缺点并提出改进建议。

4. 实践演练：指导学生根据特定论文撰写摘要、提取关键词。

【具体内容】

摘要和关键词是论文全文内容的凝缩，虽然它们的位置是在论文开篇，但从写作顺序上来说，是写完结论才写摘要和关键词。也就是说，摘要是读者最先看，而作者最后写的部分。另外要注意，写完摘要和关键词，论文的创新点会进一步清晰，这时需要重新推敲打磨论文题目的措辞，以求画龙点睛。

一、摘要

摘要位于论文的开篇，是读者最先看到的部分。摘要不难写，但写好很难，一定要给予高度重视。

（一）何为摘要

摘要是对论文全文内容的高度凝缩，即论文全文的缩写，它以简短而易懂的文字直接陈述论文的核心内容与观点，是一篇具有独立性和完整性的短文，不加引用和注释。论文摘要长度以 300 ～ 500 字为宜。

摘要的基本内容包括以下四个部分：

（1）研究目的：简要说明研究的目的，说明提出问题的缘由，表明研究的范围及重要性，一两句即可，不宜过长。

（2）研究方法：说明研究课题的基本设计，包括以什么理论为指导、使用了什么材料和方法、具体步骤如何，即理论 + 方法 + 具体步骤。

（3）研究结果：获得的基本结论，有什么新发现，突出论文的新见解，叙述要具体、准确。

（4）研究结论：研究结果的意义、理论价值或应用价值。

其中，重点是研究结果和研究结论。摘要写作的关键是突出论文的创新之处，应把新观点、新结论、新理论、新方法等放在摘要的显著位置。创新之处要直接凸显出来，不要写得过于笼统而使读者需要花费精力去分析。

摘要的作用之一是筛选文献。读者看文献的顺序一般是先看题目，再看摘要，然后基本就可以决定是否需要通读论文了。摘要就是为了让读者在海量的文献里，通过短短的 300 ～ 500 字迅速抓取核心信息，从而判断出有无必要阅读这 1 万字左右的论文。因此，摘要应是论文要点高度浓缩的精华，应拥有和论文主体等量的主要信息，即读者不必阅读论文全文，就能获得研究的目的、方法、结果和结论等必要的信息。

摘要也是迅速筛除“学术垃圾”的手段。如果一篇摘要读完了，却看不出论文的核心信息，就无须阅读整篇论文了。一般认为，写不好摘要的人，写出优秀论文的可能性也非常小。

（二）注意事项

（1）摘要一般以第三人称语气，客观陈述论文内容，不站在“本论文”“笔者”“作者”等角度进行叙述。在实践中，很多学生习惯用“本论文”进行叙述，这是不规范的。

（2）要避免将摘要写成目录式的内容介绍，这种现象在本科毕业论文和硕士毕业论文中都大量存在。有些学生将摘要写成“本论文共包含三章（部分），第一章（部分）讲……，第二章（部分）讲……，第三章（部分）讲……”这种写法割裂抹杀了论文内部章节之间的有机组合关系，模糊了论文内部的逻辑脉络，是不可取的。

（3）不要介绍本学科领域的常识，如基础概念的定义、研究方法的定义等。学术论文的目标读者既不是社会读者，也不是初学者，而是学界同仁、专家学者，论文主要展示对学科前沿具有创新突破的研究成果，因此不需要介绍基础知识。摘要只有300～500字，应做到字字珠玑，用有限的字数来描述自己的创新性见解。

（4）摘要不加注释，不引用参考文献。

（5）本科和硕士毕业论文的摘要不分段。博士毕业论文的摘要稍微长一点，为1000字左右，可适当分段，一般篇幅限1页以内。有的学生会执拗地问：我的摘要写了500字可以吗？我的摘要写了1页半可以吗。稍微超一点儿字数当然是没有问题的，但是应该反思：摘要中真的没有写废话吗？另外，如果字数超出太多，评委极有可能质疑你的总结概括能力。

（6）不对论文内容做自我评价，不要使用谦词等无实质意义的词。不要称自己的研究是“粗浅的看法”“一点尝试”等。

（7）中国知网上的论文既有很好的论文，也有很一般的论文，其摘要既有写得很规范的，也有写得很不规范的，学生要自己学会判断，多参考精品文献的摘要。

（三）摘要案例

【例】《日本动漫〈犬夜叉〉中人物名字的文化意义研究》的摘要的一稿和二稿。

一稿：

摘要：日本是世界公认的动漫强国。其创作的动漫作品兼具新颖独特的情节设定与高超的制作水准，具有鲜明的民族特色，在世界范围内有着其他国家动漫所望尘莫及的影响力。《犬夜叉》作为日本漫画大家高桥留美子20世纪90年代又一长篇巨作，在动漫界有着不可忽视的重大影响力。本论文将以日本动漫《犬夜叉》为主要研究对象，选择其中出现过的人物名字作为切入点，进行一系列的研究，探究佛教、神道、妖怪等日本特色文化元素是如何在《犬夜叉》的人物名字中得以体现的。

这个一稿是很多学生论文摘要一稿的典型代表，其中存在很多问题。

（1）“研究目的”（研究背景）占了4行，约50%的篇幅，导致整个摘要“头大身子小”，比例严重失调——必须大幅缩短这部分的文字篇幅。

（2）“本论文”的说法、叙述角度不宜出现在摘要中——应删除“本论文”，直接陈述论文内容。

（3）“进行一系列的研究”，什么是“一系列”，研究方法陈述含混不清——应写出具体的研究方法。

（4）“探究佛教、神道、妖怪等日本特色文化元素是如何在

《犬夜叉》的人物名字中得以体现的”，“如何”二字将论文结论抹杀，使摘要中完全没有关于结论的陈述——要把“如何”的具体内容直接、明确地写在摘要中。

二稿：

> 摘要：《犬夜叉》是一部风靡全球、深受大众喜爱的日本动漫作品，其人物名字的设定意义深远而又极富鲜明的日本文化特色。此前虽已有不少关于动漫《犬夜叉》的研究，但以人物名字为主要研究对象的较少。通过对《犬夜叉》TV 动画版（全 167 集）中登场人物的名字进行统计和词源分析，发现其中约 65% 的名字具有独特的文化意义，这 120 个名字分别涉及日本人的原始信仰、宗教信仰（佛教、神道）、妖怪文化等不同文化层面。这些文化元素使动漫《犬夜叉》中的人物设定更具特色与内涵，为整部动漫增色不少。

（1）将“研究目的”（研究背景）缩减为一行半，比例适宜。第 2 句交代了本论文的创新价值。

（2）删除“本论文”，直接陈述论文内容。直接点明研究方法——统计和词源分析。

（3）直接陈述研究结果——展示统计结果的具体数据。

（4）直接阐明研究结论——从数据的“量”的层级进入文化的“质”的层级。

以下四点也是初学者写摘要时经常出现的问题，要多加留意：

（1）研究目的写得太多，喧宾夺主。

（2）没有直接点明研究方法。

（3）研究结果应直接写出来，不能用“如何”等疑问词代替。

（4）要注意从案例的具体结果上升至“一般性”“普遍性”的规律。

二、关键词

将一篇 1 万字的论文缩写为 300 ～ 500 字，就是摘要；缩写为 10 ～ 15 个字，即 3 ～ 5 个词，就是关键词。关键词的作用是使该论文能在海量论文中被迅速抓取、锁定，提高论文被检索到的概率。

（一）何为关键词

关键词是论文核心内容的高度凝练，其作用是供读者检索，使读者能够在海量的论文中迅速搜索到这篇论文。关键词的选择应做到以下几点：

（1）关键词应能覆盖论文的主要内容，不得缺失。

（2）关键词一般为 3 ～ 5 个，按照词汇外延从大到小的顺序排列。

（3）关键词应具有实在意义，不能是很虚的泛义词。如“理论”“方法”等不宜作为关键词，但是“叙事学”“田野调查法”等是可以作为关键词的。

（4）关键词可以选择如“秦汉”“明代”等表述某个时间段的词，但不可以使用如“古代”“现代”“新中国成立后”等宽泛的时间概念。

关键词相当于论文的标签，其作用是使论文被检索到。因此，要考虑想让读者检索哪些词时能检索到你的论文，这些词就是关键词。如果不确定将某个词作为关键词是否合适，不妨换位思考一下，如果你是读者，会输入这个词来检索文献吗？

（二）关键词的提取方法

可以按照如下方法提取论文的关键词：

（1）从论文题目中提取关键词。在整个撰写过程中，论文题目是不断修正的，关键词也随之不断修正。如前所述，论文题目中一般宜出现 2 ～ 3 个论文要素，这也是论文的创新点所在。因此，一般可以从题目中提取 2 ～ 3 个关键词。

（2）从论文摘要中提取。摘要是全文的缩写，关键词一般应出现在摘要中。

（3）从论文提纲的一级标题中提取。一级标题显示了论文的主要逻辑脉络，关键词可能会出现在其中。

（4）关键词一般为名词、名词性短语等。

（三）摘要和关键词案例

【例】《再议松本清张从纯文学向大众文学的转型》[①]。

> 摘要：松本清张文学研究中的“转型说”，既指出纯文学与大众文学的异质性，又在名为松本清张的统一体中将两者联结，故暗藏对纯文学与大众文学二分对立图式的肯定与否定。考察转型前后的创作活动与时代语境可知，从芥川奖获奖作品等“学艺”世界评传小说，到风靡日本全国的“社会派推理小说”，松本清张的创作主张并未经历骤变，作品保持了一以贯之的性格；以纯文学为尊的评价体系和第二次世界大战后新读者群体的形成，共同构成转型成立的条件。“转型说”尽管具有历史局限性，但也指出正视推理小说文学价值的必要性，并为撰写纯文学与大众文学兼容统一的日本文学史提供启发。
>
> 关键词：松本清张；社会派推理小说；纯文学；大众文学；转型说

① 程一骄 . 再议松本清张从纯文学向大众文学的转型［J］. 日语学习与研究，2023（6）：44-51.

摘要第一句话阐明了研究目的、与哪个领域（松本清张思想转型说）进行对话，第二句话阐明研究方法（文学外部研究、语境考察法）和研究结果，第三句话阐明结论（纯文学与大众文学从二分到统一）。摘要思路清晰，文字干净。

关键词共 5 个，从题目中析出了 4 个，即“松本清张、纯文学、大众文学、转型说”；从摘要中补充了 1 个，即“社会派推理小说”。一般来说，摘要应精准概括论文的全部核心信息，因此基本上从题目和摘要中析出关键词就足够了。

下面是三篇学生论文的摘要和关键词案例，请尝试分析讨论一下。

【例】《〈雪国〉中译本拟态词的翻译：以“じっと”“ふと”“そっと”为例》。

> 摘要：日语中有着数量极为丰富的拟声拟态词，它们的频繁使用使原本单调平板的音节结构富于节奏变化，也使日语的表现力更加形象生动。汉语作为表意文字，在拟声词，尤其是拟态词的数量和使用上，远不及日语。汉语中也很少有与拟态词在意思上直接对应的词语。这种“不平等性”给日文作品的译介带来了很大的困难。本文以《雪国》中的三个拟态词“じっと”“ふと”“そっと”为研究对象，以叶渭渠、侍桁、林少华三种汉译本为例，通过不同译者对同一语境下的拟态词的翻译和同一译者对不同语境下同一拟态词的翻译进行比较分析，探讨拟态词传神达意的翻译方法及在翻译过程中应注意的问题。
>
> 关键词：拟态词；汉译；列举；比较；分析

分析参考：

（1）摘要前 4 句话是研究目的部分，占到 50% 的篇幅，喧宾夺主，比例失衡。

（2）前4句话中大部分文字在介绍日语语言学的基础知识，没有必要出现在摘要中。

（3）第5句话囊括了研究方法、研究结果、研究结论，尽量分成几句话，使层次分明。

（4）不要用“本文”的说法。

（5）研究方法写得很清楚，是译本比较法。

（6）研究结果缺失。译本比较分析之后的结果是什么？所谓的“拟态词传神达意的翻译方法”是什么？“翻译过程中应注意的问题”是什么？都没有写出具体内容。

（7）关键词共5个，从题目中析出了2个，即“拟态词、汉译”；从摘要中析出了2个，即“比较、分析”；还有1个“列举”出处不详。但是，这几个关键词是否合适呢？想象一下，如果你想搜索某方面的论文，是否会选择“比较”“分析”这样的词做关键词呢？因此，“列举、比较、分析”这3个词都不适宜做关键词。根据题目和摘要，可以尝试析出这样几个关键词：译本比较、《雪国》、拟态词翻译。另外，根据具体研究结果和研究结论，可以从具体的“翻译方法”“应注意的问题”中，再析出1～2个关键词。

（8）《〈雪国〉中译本拟态词的翻译——以“じっと”“ふと”“そっと”为例》这个论文题目也存在一些问题。从题目五要素来说，出现了研究材料——《雪国》译本中的“じっと”“ふと”“そっと”三个拟态词的翻译，但是研究问题是什么？研究翻译中的什么问题？从题目无法看出答案。因此，这个题目还需要进一步补充完善。同时，在研究设计方面，是前文所讲的“N个文本与1个问题点”研究模式，那么，为什么选三个词？这三个词是构成凑字数的重复研究，还是相互支撑、相互补充的有机整体？由于研究结论缺失，目前还看不出答案。

【例】《商务日语的敬语汉译》。

> 摘要：语言中的敬语现象和社会有着很深的关系，它对于促进人和人的顺畅交流起着很大的作用。在日语中，敬语也占有很重要的位置。因此，敬语被称为“人际关系润滑剂”。在书面的商务日语中，非常重视人称的使用，同时敬语词数量也很大，也有着一定的体系。与此相对，在汉语中，更多的是关注对自己和他人的称呼，其占了很大的比重。而且，因为汉语没有像日语那么精密的语法，因此对于商务日语汉语翻译的研究更多的是停留在对称呼的研究上。本文以《商贸应用文 日汉互译教程》为例，通过比较中日两国商务日语中使用的敬语，来探讨商务日语中敬语的汉语翻译问题。
>
> 关键词：商务日语；敬语；汉译

分析参考：

（1）摘要一共7句话，有6句在讲“研究目的”，大篇幅在讲敬语的基本知识——基本都是没有意义的话。

（2）研究方法很清晰——比较法。

（3）研究结果和研究结论缺失——很多学生把结论写成了“前言”，都是“敬请期待后文研究”，殊不知，如果摘要写成这样，就没人看你“精彩的后文”了。

（4）关键词——从题目中析出了3个关键词。摘要中只有研究对象、研究方法，没有研究结论，无法继续析出关键词。如果有结论，则可以继续根据结论析出关键词。

【例】《志贺直哉一生的心境变化：以〈到网走去〉〈在城崎〉〈野鹈鸽〉〈牵牛花〉为例》。

> 摘要：志贺直哉在其长期的作家生涯中，创作了许多优秀的文

> 学作品，其中多数为心境小说。其一生的创作，可以分为早期、中期和后期三个阶段。早期主要以“对立”为核心进行小说创作，而经过中期的“和解”阶段后，后期达到了“调和”的状态，其作品多以调和的心境来描写老年闲适的生活。本论文以《到网走去》《在城崎》《野鹁鸪》《牵牛花》四篇小说为中心，来讨论志贺直哉一生的心境变化。
>
> 关键词：志贺直哉；心境小说；对立；调和

分析参考：

（1）摘要共4句话，前3句是研究目的，比例失调。

（2）前人已经提出志贺直哉的心境变化分为“对立—和解—调和”三个阶段，此论文也要研究其“一生的心境变化”，从结论来说，与前人有何不同呢？

（3）如果此论文也是探讨“对立—和解—调和”三个阶段，一方面，论文本身没有创新之处；另一方面，三个阶段为何选择四个文本？其逻辑性何在？

（4）从摘要来看创新五要素：研究问题——心境小说，无创新；研究理论——无明显的理论指导；研究方法——文本分析，无创新；研究材料——四个文本，无创新；研究结论——结论缺失。因此，看不出此论文的创新之处和价值所在，大概率将是低水平重复。

（5）从关键词来看，“志贺直哉”和“心境小说”没问题，后面从“对立”“和解”“调和”三个词中选择了两个做关键词，令人十分费解。

第 21 节　参考文献

【教学目标】

1. 理解并掌握论文中参考文献的格式要求。

2. 学会合理选择、引用参考文献。

【教学内容】

1. 参考文献的基本内容。

2. 参考文献的格式。

3. 参考文献的注意事项。

【重点与难点】

1. 重点：掌握参考文献的格式要求、引用规范。

2. 难点：对精品文献的判断。

【教学方法和策略】

1. 讲解与示范：详细讲解参考文献的格式要求，并通过示例加以说明。

2. 案例分析：提供不同类型参考文献的写作范例进行分析。

3. 实践演练：指导学生进行实际操作，编写参考文献。

【具体内容】

参考文献是学术论文的附属部分，也是不可或缺的重要组成部分。

一、参考文献的基本内容

参考文献是指撰写论文过程中阅读过的、成为论文研究基础的全部文献。在一定程度上，参考文献的质量决定了论文的质量。

参考文献展示了与研究课题相关的前人研究，反映了学术史的发展脉络，体现了学术的继承性，表达了对前人劳动成果的尊重，避免了剽窃抄袭之嫌，同时，也为读者进一步深入探讨研究相关问题提供了文献查找线索。

参考文献不能过少，不读文献，就写不出好论文；参考文献也不是越多越好，堆砌文献不可取，质量差的文献更是不宜写入参考文献中，没阅读过的文献写入其中就是伪文献。为了避免将未阅读的文献列入参考文献中充数，有些期刊已经要求直接在文献引用处以脚注的形式列出参考文献，在文末不必再列示参考文献。

如果文献比较多，需要进行科学分类，这也是判断研究者文献整理水平的一个标准。根据文献的不同种类，参考文献的选择需要做到四个“兼顾”：

（1）兼顾中外文献。科学研究要有世界视野，应博览东西，为我所用。

（2）兼顾专著和论文。科研成果一般分为专著和论文，专著有深度、有广度，有利于为读者铺垫较为宽广的研究基础；论文一般以深度见长，其短小精悍，能让读者迅速抓取到核心信息。

（3）兼顾理论研究文献和案例研究文献。论文一般包含理论层面和案例层面，理论研究文献可提供理论指导，案例研究文献则提供案例的多维研究，二者分别从理论层面和案例层面提供知识支持。

（4）兼顾经典权威文献和前沿最新文献。为了使自己的研究成为精品，就必须参考精品文献，既要精读过去的经典权威文献，又要关注前沿，关注最新文献。最新文献一般指近 5 年内的文献。如果参考文献中近 5 年内的文献过少，那么有两种可能：一种是作者没有查找和阅读最新文献；另一种是这一课题的研究价值不大，已经很少有学者关注了。

各学科领域都有一批公认的著名专家、核心期刊，其研究经常占据该学科的前沿，要多关注这些权威研究。如果参考文献中的经典权威文献过少，会让人怀疑论文的水平。同时，也要正确看待权威，不要人云亦云，要培养批判性思维，尝试与权威进行学术对话，思考如何超越权威。

二、参考文献的格式

不同的学校和期刊，对参考文献的格式有不同的要求。这里介绍常见的参考文献标识格式。

参考文献的类型以单字母方式标识：J —期刊文章，M —专著，C —论文集，A —专著或论文集的析出文献，D —学位论文。网页资源要标注发布时间、查阅时间、网页链接等。例如：

[1] 蒋济永，蒋必成．文学、历史、记忆的话语基础与阐释路径[J]. 广东社会科学，2022（5）.

[2] [日] 浜日出夫．記憶と場所：近代的時間・空間の変容 [J]. 社会学評論，2010，60（4）.

[3] 王明珂．羌在汉藏之间：川西羌族的历史人类学研究 [M]. 上海：上海人民出版社，2021.

[4] 埃尔，纽宁．文化记忆研究指南 [M]. 李恭忠，李霞，译．南京：南京大学出版社，2021.

[5] 罗伊勒克．世代 / 世代性、世代传递与记忆 [A]// 埃尔，纽宁．文化记忆研究指南 [M]. 李恭忠，李霞，译．南京：南京大学出版社，2021.

[6] 邓迪斯．西方神话学读本 [C]. 朝戈金，译．桂林：广西师范大学出版社，2006.

[7] 小松和彦．記憶する民俗社会 [M]. 东京：人文書院，2000.

[8] 薛杨．阿斯曼夫妇文化记忆理论中的图像论研究 [D]. 西安：陕西师范大学，2021.

[9] 李眉 . 李劼人轶事 [N]. 四川工人日报，1986-08-22（02）.
[10] 关于中国学术期刊标准化数据库系统工程的进展 [EB/OL].（1998-08-16）[1998-10-04]. http://www.cajcd.edu.cn/pub/wml.txt/980810-2.html.

三、参考文献的注意事项

参考文献方面有以下注意事项：

（1）参考文献既不是越多越好，也不是越少越好。该领域的精品文献必须被引用，勿遗漏经典文献，否则会让人觉得作者不熟悉所研究的领域。非精品文献尽量少用，引用水平不高的文献，会让人觉得作者的论文质量也不高。

（2）参考文献信息务必准确无误，特别要注意出版时间和页码等。

（3）尽量少引用教材和大众读物。

（4）尽量少引用网络文献，网络文献只要在学术期刊上发表过，就应引用学术期刊。“百度”“百度百科”等知识普及类网页不应列入参考文献。

（5）参考文献与论文论证应前后呼应。参考文献中列出的文献，在文献综述和正文中应有所涉及，论文中提到的文献也必须出现在参考文献中。脚注里的文献信息应有页码，参考文献中的文献信息一般不加页码。没有前后呼应的文献是伪文献。

（6）参考文献应按照要求进行排序。常用的方法是按照姓氏或文献出版时间进行排序。

（7）如果参考文献较多，应进行分类，一般按照中文文献、日文文献、其他国家文献的顺序分类，也可以按照专著、论文进行分类。

第22节　附录

【教学目标】

1. 理解并掌握附录的编写规范和格式要求。

2. 学会合理选择、规范编写论文附录。

【教学内容】

1. 附录的基本内容。

2. 案例分析。

【重点与难点】

明确附录部分的写作内容和格式要求。

【教学方法和策略】

1. 讲解与示范：详细讲解附录的格式要求，并通过示例加以说明。

2. 案例分析：提供不同类型附录的写作范例并进行分析。

3. 实践演练：指导学生进行实际操作，编写附录。

【具体内容】

根据课题不同，有的论文需要提供附录。

一、附录的基本内容

附录是指因内容太多、篇幅太长而不便于写入论文正文，但又必须向读者交代的一些重要材料，一般包括翻译实践、调查问卷、原始数据、研究记录、统计检验等。

在翻译实践报告中，中日对译部分应以附录的形式置于报告后面。

如果有多份附录，要进行排序，并为每一份附录命名，如

“附录 1：关于某某的调查问卷”。

二、案例分析

【例】《日本人论：基于柳田国男民俗学的考察》①。

此专著是对柳田国男思想的研究，因此在文末添加附录“柳田国男年谱、著作与社会背景大事简表”，现截取一部分。

柳田国男年谱、著作与社会背景大事简表（部分）

西历	年号	年龄	事项	发表文章	社会背景大事
1910	明治43年	36	1月，伊豆、骏河之旅。 6月，兼任内阁书记官记录课长、宫内省宿直。整理内阁文库。 8月，作为内阁的工作，参与制定日韩合并的相关法令。 10月，开始在法政大学讲授农政学。 12月，以新渡户稻造为中心，与石黑忠笃等人一起成立乡土会。	5月『石神問答』 6月『遠野物語』 12月『時代ト農政』	5月，开始检举大逆事件。 11月，帝国农会成立。

思想史研究的重要研究方法是语境研究法，通过此附录的信息，读者能迅速了解思想家发表文章的社会语境、人生语境，促进相关思想研究。

① 孙敏．日本人论：基于柳田国男民俗学的考察［M］．北京：社会科学文献出版社，2013.

【例】《归化异化翻译理论视域下的〈口承文艺史考〉（节选）日汉翻译实践报告》[①]。

此论文有三个附录，分别截取一部分。

附录1：日译中翻译实践

日文	中文
昔話と伝説と神話 昔話の範囲 一 昔話といふ言葉が、昔から日本には有って、その意味が大よそ我々の研究したいと思ふものと、範囲を同じくして居たのは好都合なことであった。私には是が日本の昔話研究の、末々繁昌すべき前表のやうにも考へられる。よその国々ではこの名をきめるのに先づ苦労をして居る。ちゃうど似つかはしい言葉が民間に行はれて居なかったからである。	昔话、传说与神话 昔话的范围 一 自古以来，“昔话”一词在日本就已经存在，而且其含义在范围上正好与我们希望研究的内容大致相符。我觉得这为我们的研究提供了方便，预示着日本的昔话研究在未来的蓬勃发展。世界其他国家在确定这个词语时遇到了困难，因为在本国民间并没有表示这一意义的词语。

附录2：句子翻译整理

原文	译文1	译文2
範囲を同じくして居たのは好都合なことであった。私には是が日本の昔話研究の、末々繁昌すべき前表のやうにも考へられる。	我觉得这是一个积极的信号，日本昔话的研究应该在未来蓬勃发展。	我觉得这为我们的研究提供了方便，预示着日本的昔话研究在未来的蓬勃发展。

① 秦子珺．归化异化翻译理论视域下的《口承文艺史考》（节选）日汉翻译实践报告［D］．北京：国际关系学院，2023.

附录3：词汇翻译整理

原文	译文1	译文2
英国でもつい近い頃まで、フェアリテエルズと謂ふのが、必ずしも妖精の話だけに限らない、我々のいふ昔話の総名であった。	直到最近，英国才定义“Fairy tales”一词是我们所说的昔话的总称，并不一定限于童话故事。	直到最近，英国才确定“Fairy tales”一词是我们所说的昔话的总称，并不一定限于精灵故事。

通过篇章翻译、句子翻译、词汇翻译的整理，能够看到作者用于翻译案例分析的全部例子，其在支撑翻译报告的分析内容的同时，也为读者的进一步研究提供了非常翔实的案例基础。

第 23 节　致谢

【教学目标】

1. 理解致谢部分在日语论文中的作用和意义。

2. 掌握致谢部分的写作规范和格式。

【教学内容】

1. 致谢的基本内容。

2. 致谢的注意事项。

【重点与难点】

理解致谢部分在日语论文中的作用和意义。

【教学方法和策略】

1. 讲解与示范：详细讲解致谢的格式要求，并通过示例加以说明。

2. 案例分析：提供不同类型致谢的写作范例并进行分析。

3. 实践演练：指导学生进行实际操作，编写致谢。

【具体内容】

致谢也是学术论文的组成部分，在一般的论文中可以不写，也可以以脚注、尾注的形式，写一两句简短的感谢。在学生的毕业论文中，致谢需要以一定的篇幅展开，虽然其本身并不作为毕业论文的审查部分，但对于整篇论文来说仍是不可缺少的。

一、致谢的基本内容

致谢是对为论文研究提供支持的人表达感谢的部分，不仅直接体现作者的品德修养，也包含着一些论文写作背景信息，如资金支持等。

学位论文的致谢对象一般限于在学术方面对论文的完成有重

要帮助的人士和团体，一般包括：

（1）导师。除了作者，对毕业论文贡献最大的就是作者的导师。作者与导师是合作的关系，在作者和导师的共同努力下，才能顺利完成毕业论文。学生论文得到了导师的智力支持，从一定意义上来说，导师也是毕业论文的作者之一，论文体现了导师的问题意识、研究方法、研究路径等。没有导师的指导，论文就不会以最终的形式和内容呈现。有的学生的论文还得到了导师资金、项目、文献、实验室等方面的支持。

（2）其他师长。除了导师，其他师长可能也提供了大量的帮助与支持。例如，开题报告时，诸位评委老师提出了大量宝贵的修改意见等。

（3）同学和朋友。在论文写作过程中，许多同学和朋友提供了调查、资料等方面的学术支持，在学习和科研生活中则提供了情感支持等。

（4）家人。家人一般提供了生活支持、情感支持，这部分并非必要，也可以不写。

（5）其他。如提供调查支持、资金支持、出版支持的人员或机构等。

二、致谢的注意事项

致谢的注意事项如下：

（1）学术论文要求科学、严谨，致谢是学术论文中唯一具有文学色彩的部分，可以写得抒情一些。致谢虽然不在论文的学术评审范围内，但它包含着人与人之间的温情，所以对待它的态度应和对待正文一样认真。

（2）致谢的目的是使作者意识到，一篇论文的诞生绝不是一个人的功劳，而是一项集体成果，因此致谢必须真诚，否则就失去了意义。致谢中要尽量详细地写出具体的内容，避免空洞、苍白。例如，“衷心感谢某某同学在论文研究过程中的无私帮助”，可以具体为“衷心感谢某某同学在日本留学期间帮助查找研究文献”等。

（3）致谢部分需要详略得当，对导师的致谢应该占最大的比重。

（4）在整个论文写作过程中，导师付出了极大的心血，所以对导师的感谢务必写出真情实感，不能草草了事。尽量不要简单写成“导师对论文的完成付出了大量的心血，表示由衷的感谢”，而要写“导师在论文的框架结构、案例分析方面给予了详细的指导”等，也可以写出具体的事例。很多人的致谢会写成优美的或感人的散文。

（5）致谢务必真诚，不能照抄他人的致谢。另外，虽然致谢部分不在学术审核的范围内，但其作为论文必要的组成部分，也在论文的查重范围中，照抄他人的致谢会导致论文查重率升高。

三、案例分析

致谢可长可短，有的学生一路走来，感受很深，致谢甚至可以写出几万字（博士论文的致谢中这种情况比较多）。下面列举简短的致谢案例，以供参考。

【例】《〈令和元年度文部科学白皮书〉（节选）翻译实践报告》[①]。

謝辞

光陰矢のごとし。時間が経つのは本当に早いです。大学に入学してから、すでに四年目になりました。日本語学部に色々とご迷惑をおかけし、本当に申し訳ありませんでした。

① 王钊 .《令和元年度文部科学白皮书》（节选）翻译实践报告［D］. 北京：国际关系学院，2021.

大変有難うございました。

日本語学部の先生の方々の支えがあったから、ここまで頑張ってこられたのです。特に本論文の指導教師の王＊先生に、翻訳実践のテキストの選択から、レポートの書き方まで、いつも丁寧に温かくご指導いただき、誠に感謝の念にたえません。論文を準備する間で、王先生と両親はずっと応援してくださいました。おかげで、寒い冬も乗り越えました。

文章を朗読する朝の日々は忘れません。授業の時間は忘れません。紅葉の落ちる日輝路を歩く秋の夜も忘れません。未来への道がどんなに険しくても絶対諦めません。ここで、涙がもう一度溢れて止まりません。楽しみ、悲しみ、苦しみ、まるで私の宝物のように、人生の天の川に輝いています。

自分の更なる活躍をお祈りします。

【例】《生态翻译学视域下的民俗文化翻译研究：以〈故乡七十年〉中译本为例》[①]。

謝辞

光陰矢の如し。2年間にわたる院生生活は終わろうとしています。この2年間において、先生やクラスメート、また家族たちの支えのもとで知識を積み重ね、翻訳と通訳の能力を上げ、充実した日々を送りました。

本論文の作成に当たり、まずは、丁寧なご指導を賜りました孫＊先生に心より御礼申し上げます。孫先生は民俗研究に熱心しており、初心者の私を民俗の世界に導き、日本民俗文化に関するものを教えていただきました。また、論文テー

① 胡菲.生态翻译学视域下的民俗文化翻译研究：以《故乡七十年》中译本为例［D］.北京：国际关系学院，2023.

マの選定から最終稿まで適切な助言を賜り、励ましてくださりました。本当に感謝しております。

そして、2年間でお世話になりました日本語学科の諸先生方にも御礼申し上げたいです。様々な授業で異なる先生から翻訳や通訳に関する方法と会得を勉強し、成長するようになりました。

最後は、いつも見守ってくれ、支援している家族や友達に深く感謝の意を表します。

第 24 节 学术道德

【教学目标】

培养学生的学术道德意识，引导学生遵循学术诚信的原则。

【教学内容】

1. 学术道德的定义。

2. 学术道德的基本内容。

【重点与难点】

论文作者学术不端行为类型。

【教学方法和策略】

1. 讲解与示范：详细解释学术道德要求，并通过实例加以说明。

2. 学生参与讨论：鼓励学生讨论学术道德问题，并引导其分析具体案例。

【具体内容】

学术道德是一切学术研究的基石，无德无以致远。只有遵循学术道德，才能成为真正的学术大师。

一、学术道德的定义

学术道德是进行学术研究时必须遵守的准则和规范。在从事科学研究的过程中，应坚持真理、勇于探索、严谨求实，杜绝学术不端行为。

二、学术道德的基本内容

2019 年 5 月 29 日，国家新闻出版署正式发布我国首个针对学术不端行为的行业标准——《学术出版规范 期刊学术不端行为界定》（CY/T 174—2019），并于 2019 年 7 月 1 日正式实施。其中论文作者学术不端行为被划分为八种类型：剽窃、伪造、篡改、不当署名、一稿多投、重复发表、违背研究伦理、其他学术不端行为。

在毕业论文中，可能会发生如下情况，学生务必严格要求自己，避免出现学术不端行为。

（一）查重率过高

本科毕业论文一般要求查重率不高于15%，查重率过高一般有两种原因：一种原因是直接引用过多，这种情况可以将直接引用改为间接引用；另一种原因是学生没有自己的想法，写论文时只能东抄西抄，对于这种情况还是要沉下心来，认真读书，认真做好文献综述。本科毕业论文主要训练学生的批判性思维和创新性思维，这一训练对学生的人生具有重要的意义，要认真对待，提升思维能力。

（二）慎用非正规渠道的查重

一些学生担心学校的查重不能顺利通过，会自己提前通过某种渠道查重。而有些非正规渠道会利用学生的这种心理，非法获取学生论文。一定要坚信，只要是自己认真写出来的论文，绝对不会无缘无故地出现查重率过高的情况，因此完全没有必要提前查重。

（三）购买论文

个别学生会购买论文。“论文工厂”可能把一篇论文卖给很多人，导致学生很快就会因论文雷同而被发现，并失去学位。寒窗苦读十余载，一朝不慎恨终生。能在高考中取得成功的学子，其自身素质都不差，只要认真听从导师的指导，一定能写出达标的毕业论文。

模块五 实践环节

理论上“学”明白了，还需要在实践中不断练“习”，才能真正实现“习得”“学会”，做到“知行合一”。学术实践是重要的学习环节，只有经过大量的范例实践，才能在学术批评中不断成长。

教师可以收集整理往届的开题报告和毕业论文，作为课程实践环节的评析案例库。实际上，教师的讲解有时比较单调，进入以学生为主角的实践模块，可以大大发挥学生的积极性和主动性，整个课堂会迅速活跃、活泼起来。在本模块中，由教师提供细粒度的评分标准，[①] 学生在实践中化身“学术大咖”，按照评分标准，逐项点评。通过场景模拟和身份转换，学生得以迅速成长。

本模块为实践模块，具体内容包括点评往届开题报告（四个研究方向）、点评往届毕业论文（四个研究方向）、互评本届开题报告（四个研究方向）。

在实践过程中，教师可以充分利用新兴数字化技术，建立服务于课程的数字化平台，实现教育资源和教学模式的双重数字化。[②]

---

① 基于前述四个模块的教学内容，本书制定了用于指导实践环节的评分标准（详见附录），供教师在实践模块中参考使用。

② 作者教授的课程基于数字化平台 E-Reader 分别建设了开题报告库（包括四个方向的子库）和毕业论文库（包括四个方向的子库），积累了大量的案例，实现了教育资源数字化。同时课堂教学也依托该数字化平台实现教学模式数字化，大大提升了教学效率和教学效果。关于数字化平台的建设与使用，详细内容可参考：孙敏，徐青．新文科背景下课程思政“三维度两评价一平台”建设体系研究［M］// 裴丽．日本学研究（第二辑）．北京：时事出版社，2024：41–54.

第 25 节　开题报告点评会：语言方向和文学方向

【教学目标】

1. 培养学生的学术鉴别能力和点评能力。

2. 提升学生的表达和沟通能力。

3. 为学生提供一个实践机会，换位为评委，以评委的视角审视学生的开题报告。

【教学内容】

选取开题报告案例（语言方向和文学方向），学生化身为评委，点评开题报告。

【重点与难点】

1. 重点：培养学生以评委的视角审阅开题报告。

2. 难点：对本学期所学各项知识的总体实践。

【教学方法和策略】

1. 模拟评委：学生模拟评委，为开题报告评分。

2. 评估与指导：对学生的表现进行评估，并提供补充建议，帮助其提高学术鉴别能力。

【具体内容】

从本节课开始，由学生做评委，点评往届的开题报告。

目前，开题报告和毕业论文的评分标准大多为粗线条的，如选题学术价值 20 分，文献综述 20 分，论证翔实 20 分，结论有力 20 分，参考文献 20 分。粗线条的评分标准不利于学生从细微处精确把握学术规范，因此，我们制定了细粒度的评分标准，供大家参考（参见附录 3）。

从具体分工来说，可以每人负责点评一篇开题报告，也可以每人负责一个打分项，由九个评委一起审阅一篇开题报告。

一、开题报告点评会：语言方向

选取语言方向开题报告案例，学生化身为评委，以附录 3 的评分表为标准，逐项点评开题报告并评分。

【例】语言方向开题报告①。

论文题目	日本国会答辩的疑问句研究
选题说明（研究目的、意义）	日本国会答辩作为重要的政治活动，主要由质询方、答辩方与第三方构成，以质询方和答辩方一问一答反复交替的形式进行，其中质询语篇中多含疑问句。而使用的疑问句又包括一般疑问句、选择疑问句、特殊疑问句等多种类型，其中一般疑问句中以否定疑问句居多。各种类型的疑问句又具有表疑问和非表疑问等语用功能。鉴于日本国会答辩质询语篇的以上特点，本文以最近的国会答辩议事录为研究对象，在语用学视角下对质询语篇中的疑问句进行探讨，深入分析以上特点背后的语言学理论及文化心理原因。 目前，学界对质询的研究成果较为丰厚，但多数是针对日常会话的语用学研究和对句子成分的语法性探究，对国会答辩这一类论辩性、政治性语料中存在的疑问句研究较少。日本国会答辩作为典型的政治性语言，其语言风格与日常会话有明显差异，甚至存在对话体与非对话体混用的部分语体变异现象。本文从语用学的视角出发，对令和 4 年 8 月 19 日国会答辩议事录的质询语篇中的疑问句的类型与功能进行定量与定性的分析统计，探讨国会答辩质询语篇中疑问句的使用倾向，有助于日本政治性语体特征的研究，感受日语语言环境和日本文化背景对政治性语言的影响。

① 语言、文学、区域国别研究、翻译四个方向的四篇开题报告引自国际关系学院本科毕业论文的开题报告。

续表

论文题目	日本国会答辩的疑问句研究
研究现状与资料收集情况	**研究现状：** 1. 疑问句的定义 有关于疑问句，『日本語表現・文型事典』中如下定义：疑问句是表述对信息整体的真伪、或对信息的一部分不确定的“问题提示”的句子。狭义上指使用疑问终助词「か」的疑问句。从形式上看，根据国语学大辞典，疑问句至少应符合以下三种条件中的一种：①句末以终助词“か”结句；②疑问词的存在；③句末呈上升语调。宫地裕认为，具有“句末语调上扬、文末附有特定助词、文中使用疑问词”三个要素中的一种则可以看作疑问句。森川正博认为，满足“句末升调、句子后接特定助词、使用疑问词”其中一种，在形式上即为疑问句。可以看出在疑问句定义的判定上，各学者的观点具有相似之处。 2. 疑问句的类型 『ガイドブック日本語文法史』中，疑问句被分为以下三类：真偽疑問文（一般疑问句）：要求听话人判断是非；疑問詞疑問文（特殊疑问句）：表示信息的部分不确定，要求听话人具体回答疑问词所指示的内容；選択疑問文（选择疑问句）：提示数个选项，要求听话人选择其中一个回答。除此之外，还有其他类型的疑问句，如「のか」「っけ」等。 聂中华和黄跃瑜在《日语会话语境中选择疑问句的言语行为研究》中提到，日语选择疑问句主要有以下三位学者进行过研究：仁田认为选择疑问句用于说话者不能确定哪一可能性是真时，用疑问选择项去请求听话者确认；森山认为选择疑问句的选择项可能是相互矛盾的关系，实际上是要求听话者肯定一项，否定一项；甲田认为选择疑问句的两个选择项是并列关系，由于说话者不能判断哪个选择项是可能的，才以选择疑问句的形式出现。聂中华和黄跃瑜根据美国语言哲学家塞尔对言语行为理论的分类，指出日语选择疑问句主要有“指令型言语行为”“断言型言语行为”“表情型言语行为”三个类型。 相对于肯定疑问，日本人更倾向使用否定疑问。在有关一般疑问句的考察中，否定疑问句的文献居多。在有关否定疑问句的研究中，陈爱琴从疑问句的言语分析、提问与依赖的关系以及否定表现的美学三个方面探讨了日本人较肯定疑问往往会更多地使用否定疑问的原因；范峥认为否定疑问句所隐含的被省略的部分实际上是说话人真实的心声，包括否定疑问句在内的大量省略表现的存在体现了日语的暧昧、委婉和含蓄的特征；杨凯荣则借助

续表

论文题目	日本国会答辩的疑问句研究
研究现状与资料收集情况	Lakoff 的礼貌原则，认为日语否定疑问句具有诱导功能和礼貌用法的原因是它用否定形式来言及否定命题存在的可能性，此命题是一种假设。并以此假设来委婉地表述说话人的意愿，以便给对方留有余地和空间。综上所述，无论使用何种研究理论与方法，各学者的结论都在语言学角度和心理、文化层面对否定疑问句频繁使用的原因的看法存有交集。 3. 疑问句的功能 有关疑问句的功能分类，不同学者有多种划分标准。齐藤里美着眼于疑问句的交流功能，将疑问句分为情感态度的表明、行为、人际关系的构建、促进交流四个类型；南不二男把疑问句分成表达确认要求、判定要求、选择要求、说明要求四种形式，同时还指出日语疑问句非疑问表达的反语、劝诱、委婉断定等八种类型；任晨霞在《间接言语行为与日语疑问句的功能》一文中，考察了疑问句除询问以外“陈述、行为指示、言明、表达情感”的四个功能。目前对于语用功能上疑问句的分类相关研究较为详尽，且各有侧重，多数学者着眼于疑问句语用功能的分类。 但目前对于疑问句的研究，多数以日常会话为研究文本，少有以国会答辩一类的政治性话语为研究对象的文献。本文将以最近的国会答辩议事录（令和 4 年 8 月 19 日）作为分析文本，在语用学视角下对日本国会答辩中出现的疑问句进行探究。 **参考文献：** 一、国内文献 [1] 徐良华 . 现代日语疑问型行为要求表达的研究 [D]. 武汉：华中科技大学，2013. [2] 李欣阳 . 关于日语疑问句功能的考察 [D]. 长春：东北师范大学，2020. [3] 卢冬丽 . 日语疑问句的非疑问功能 [D]. 南京：南京农业大学，2009. [4] 庞黔林 . 论日语的疑问与非疑问 [J]. 日语学习与研究，2004（2）：22–26，30. [5] 范峥 . 从“否定疑问句”看日语表达方式的特点 [J]. 科技信息，2011（35）：510–511. [6] 陈爱琴 . 关于日语的否定疑问句 [J]. 解放军外国语学院学报，1999（S1）：9–10. [7] 杨凯荣 . 日语否定疑问句的功能及其在汉语中的对应表现 [J]. 语言研究集刊，2013（2）：1–21，328.

续表

论文题目	日本国会答辩的疑问句研究
研究现状与资料收集情况	[8] 聂中华，黄跃瑜．日语会话语境中选择疑问句的言语行为研究 [J]. 日语学习与研究，2010（2）：20–28. [9] 杨路平．仪式性辩论中的礼貌策略研究 [D]. 广州：暨南大学，2006. [10] 徐一平 .1985 年全国高校专业日语青年教师征文获奖论文 论日语疑问句与其他表达方式的关系：“要求确认”“劝诱”与疑问句 [Z]. 日语学习与研究，1986（5）：87–92. [11] 李青峰．日语疑问句的功能考察 [D]. 济南：山东师范大学，2012（8）. [12] 任晨霞．间接言语行为与日语疑问句的功能 [J]. 解放军外国语学院学报，2002（1）：37–41. [13] 杜晓芳．日中“非疑问功能”疑问句的对照研究 [D]. 大连：大连理工大学，2009. [14] 李丽丽．论日语疑问句 [D]. 哈尔滨：黑龙江大学，2010. 二、国外文献 [1] 小林清治ほか編『日本語表現・文型事典』朝倉書店 2002 年 . [2] 宮地裕『文論—現代語の文法と表現の研究 1 』[M]. 明治書院 1979 年 . [3] 斎藤里美「日本語教育における疑問文、質問文」[J].『日本語学』1989（8）：41–56. [4] 安達太郎 .1999. 日本語疑問文における判断の諸相 [M]. くろしお出版 . [5] 馬穎瑞（2014c）「疑問文の文末表現の使用に関する一考察」『北海道大学大学院文学研究科研究論集』14 pp.173–186. [6] 馬穎瑞．日本語疑問文の統語語用論的研究 [D]. 北海道大学，2017. [7] 林淳子（2016）「言語的反応の観点による疑問文の分類」『日本語学論集』12 東京大学 大学院人文社会系研究科国語研究室 pp.376–401（6–31）. [8] 柳田亮吾．政治の言語とイン / ポライトネス：国会答弁におけるフェイス・ワークをてがかりに [J]. 大阪大学言語文化学，2013（22）p83–94. [9] 南不二男．質問文の構造 [M]. 朝倉書店，1985. [10] Lakoff, R. T. (1989) The limits of politeness: therapeutic and courtroom discourse. *Multilingua,* 8 (2/3): 101–129. [11] 第 209 回国会　衆議院　厚生労働委員会　第 2 号　令和 4 年 8 月 19 日．（https://kokkai.ndl.go.jp/#/detail?minId=120904260X00220220819&current=88）.

续表

论文题目	日本国会答辩的疑问句研究
研究方法、可行性、创新点等	**研究方法：** 本文选取令和4年8月19日的日本国会答辩议事录作为研究对象，对质询语篇中出现的疑问句的类型、语用功能等进行定量定性的分类统计，分析、归纳日本国会答辩质询语篇中疑问句的使用特征。 **研究理论：** 本文借助语用学理论，从会话交流的角度研究令和4年8月19日的日本国会议事录中疑问句的使用情况。语用学是语言学各分支中一个以语言意义为研究对象的新兴学科领域，是专门研究语言的理解和使用的学问，它研究在特定情景中的特定话语，研究如何通过语境来理解和使用语言。语用学因其本身的目的性和价值性而不同于语法研究，它是关于人类语言本身的研究。在语言的使用中，说话人往往并不是单纯地要表达语言成分和符号单位的静态意义，听话人通常要通过一系列心理推断，去理解说话人的实际意图。 **创新点：** 关于日语疑问句的研究，先行研究的研究对象主要集中在日常会话，对于政治语料的研究较少，而政治类语料与日常会话有一定差异。本文以最新的日本国会议事录作为分析材料，在语用学视角下分析日本国会答辩质询语篇中疑问句的特征。 **可行性：** 目前，关于日语疑问句尤其是否定疑问句的研究成果丰厚，便于获取与参考可读性强、价值高的资料和文献。作为研究对象的日本国会议事录也可从相关网站获取文本。同时笔者具备一定的日语基础，能够对日文文献进行阅读与参考。
论文提纲	**1 前言** 1.1 研究目的 1.2 先行研究 1.3 研究方法 **2 国会答辩中的疑问句研究** 2.1 疑问句的定义 2.2 国会答辩中疑问句的类型 2.2.1 一般疑问句 2.2.2 选择疑问句

续表

论文题目	日本国会答辩的疑问句研究
论文提纲	2.2.3 特殊疑问句 2.2.4 其他 2.3 国会答辩中疑问句的功能 2.3.1 疑问句表疑问的功能 2.3.2 疑问句的非疑问功能 **3 结论**

二、开题报告点评会：文学方向

选取文学方向开题报告案例，学生化身为评委，依据附录3评分表中的标准，逐项点评开题报告并评分。

【例】文学方向开题报告。

论文题目	叙事学视角下对《解忧杂货店》救赎意识主题的探究
选题说明（研究目的、意义）	**研究目的：** 日本推理小说家东野圭吾自1985年凭借《放学后》获得“江户川乱步奖”后，便走上了专职写作的道路。如今，他的作品已被介绍到20多个不同的国家与地区，《嫌疑犯X的献身》《白夜行》《解忧杂货店》等多部作品持续占据图书热销排行榜。当时，在中国掀起了一股“东野圭吾热潮”。时至今日，东野圭吾的众多作品仍然在热销中。 东野圭吾作为日本推理小说界“新社会派”的重要代表人物，其作品中蕴含的社会派性质与既往的类型模式相比具有独特性，其独特性在于：第一，作品中常常不出现具体时间，而是采用著名社会事件来标注案件推进时的发生时间；第二，东野圭吾的作品与社会现实紧紧相连，读者在阅读时不仅能够享受小说带来的快感，还能获得与社会更深层次的共鸣；第三，东野圭吾的小说通过抽丝剥茧的推理，引导读者探寻到温暖而有人情味的真相，具有相当浓厚的治愈性特征。 《解忧杂货店》中现在的时间线与过去的时间线，两者不仅相互交叉，甚至相互渗透。这种对时间的超越拓展了更为广阔的空间，这种错杂不仅让我们在其中一个时间维度中感受到线性时间的流逝，产生人生的感叹。小说中有五个拥有不同故事的主人公，每一个主人公的身世、生活都不完美，正是这样的不完美才

续表

论文题目	叙事学视角下对《解忧杂货店》救赎意识主题的探究
选题说明（研究目的、意义）	得以让作者笔下他们的命运穿过时空联结在一起，铺就成了人性的网，温情地叙述了人性中的温暖和人与人之间千丝万缕的联系。 本文借助叙事学的理论，对《解忧杂货店》的叙事结构进行基本分析，并通过对叙事结构的分析延伸，借助文本分析法，分析东野圭吾文学的叙事特征。对小说中出现的几个代表人物“月兔”“小芹”“晴美”等进行细致的人物分析。研究讨论情节设计的独特性，并探究东野圭吾独特的叙事手法与故事情节设计的合理性是如何通过一个个的人物形象表现出来的，从而让读者能更透彻地理解小说所表达的关于人性主题的光辉。最后基于萨特的存在主义解读出现在《解忧杂货店》中的人文主义精神和救赎意识，并指出对个人价值的肯定、对爱情的包容、父母对子女的大爱、对人性的救赎是东野圭吾文学作品中人文关怀的主要表征。 **研究意义：** 该书从不同的角度和超越的时空分别讲述了五个独立而又相互关联的故事，作家东野圭吾心思巧妙地构建了一个个生动形象的人物，将他内心深处对人性的理解、关怀和尊重淋漓尽致地融入每一个小故事。但迄今为止，国内外对于东野圭吾及其作品的研究报告较少，并且对《解忧杂货店》这本书的研究稍有些片面，对于其所蕴含的关于人道主义的主题或是复杂的多线叙事结构进行分析的研究不多。较少有严格细致地分析小说中的主要人物形象从而对小说主题进行探究的。例如小说的叙事结构，叙事时空是怎样为读者塑造出一个个复杂多样的人物形象，又是怎样通过这些人物之间的联系阐述小说主题的。为此，深度分析这几者之间的联系对研究东野圭吾小说这一领域是有一定意义的。
研究现状与资料收集情况	**研究现状：** 本论文根据已收集到的资料发现，国内外主要从以下几个方面对东野圭吾及其作品《解忧杂货店》展开了相关研究。 目前，国内研究东野圭吾作品中救赎意识的比较有代表性的作品有安徽大学文学院华祺蓉写的论文《论东野圭吾小说的救赎意识》。她将作品中救赎主题分为三类，分别是“自我救赎”“被救赎”和“救赎他人”。其中“自我救赎”和“被救赎”两个章节中分别借用《红手指》和《秘密》两部作品来进行简要介绍。从情节叙述和人物分析两方面对小说主题进行分析。通过

续表

论文题目	叙事学视角下对《解忧杂货店》救赎意识主题的探究
研究现状与资料收集情况	《解忧杂货店》这一作品对“他人救赎”这一概念进行了简短的概述。华祺蓉的这篇论文虽然介绍了出现在东野圭吾作品中的三种救赎意识，但总体篇幅较短，解释得不够深入。随后，在华祺蓉的另一篇论文《东野圭吾的治愈性特征》中阐述到东野圭吾的作品之所以受到广泛追捧，和他的作品真实地反映社会现实、展现人性有关。在他后期的作品中大量充斥着爱、亲情的治愈性，这种情感可能来自毫不相干的人，也可能来自家人。我认为这种治愈性，帮助治愈着现实社会带给我们的痛感在很大程度上与小说所体现的救赎意识和人文关怀有关。这是因为东野圭吾的小说通过缜密的推理带领读者去找寻事件背后有人情味和温暖的真相，展现出善和爱的救赎。查淑婷在《论〈解忧杂货店〉的疗愈主题》中，从“疗愈”和“救赎”两个方面，通过分析东野圭吾的生平和当时的社会环境解释了这两个主题的成因。人性是永恒的主题，在东野圭吾的小说中始终存在着救赎和被救赎，他揭示着社会的阴暗面，赞扬着生命的可贵，不论是对他人的救赎还是对自我的救赎，都是为了展现人性的善良和爱。 　　在研究存在主义的领域有萨特的《存在主义是一种人道主义》，他在这本书中阐述了存在先于本质。人生是没有意义的，但我们可以为自己的人生赋予意义。人有自由选择的权利，但人也要为自己的选择负责。是懦夫把自己变成懦夫，是英雄把自己变成英雄，是行动造就了我们的人生。你选择了做什么，你就是什么样的人。董小玉在《自由观·异化观·价值观：萨特存在主义哲学观中人道主义探索》中将存在主义的进程分为三部分，即以人的“自由观”为基石，开始寻找自我；然后从人的“异化观”中发现人已失去自我；最后就是在人的“价值观”中进一步发现自我。 　　在研究东野圭吾的写作叙事特色方面，比较有代表性的是尹志红在《笔墨中“人”的写实与多面：东野奎吾小说的创作特点分析》中分析了东野圭吾小说的创作风格，她认为以《解忧杂货店》为代表的小说属于“写实本格派”，这类小说弱化了逻辑推理，而将重心转向探索人物的性格行为。在独创性创作理念的指引下，东野圭吾推理小说中的人物形象十分丰满立体。小说中出现的人物多像是现实生活中的普通人，这拉近了小说与读者间的距离，给原本远离大众生活的推理小说注入了现实性和生命力。潘馨在《东野圭吾推理小说的叙事研究》中从叙事结构、叙述视角、叙事时间、叙事空间四个维度对东野圭吾的推理小说进行了

续表

论文题目	叙事学视角下对《解忧杂货店》救赎意识主题的探究
研究现状与资料收集情况	研究；多样的结构，多重叙述视角，通过调整时序、时距、频率而实现的紧凑合理的叙事节奏，独辟蹊径用社会事件表征故事时间，由地志空间、社会空间、心理空间三种形态共同营造出和谐统一的叙事空间形态，这些叙事策略在推理小说中的运用，形成了东野圭吾叙事写作的独特风格。刘丹在《东野圭吾小说“解忧杂货店”的叙事特色》中结合小说的时间和空间，分析了小说写作的时空艺术，用文本分析法讲述小说现实主义创作方法下的社会派风格是东野圭吾小说风格的最稳定和最突出的因素。 综上所述，基于叙事学理论对《解忧杂货店》的叙事特色解析的文献资料较为丰富。但是，对于叙事与小说主题探究的联系这方面的研究不是很充分，并且对于小说人物和情节的分析不够细致。对于小说主题，救赎意识的解读也较为片面。所以本文将结合叙事学理论以及文本分析法，从小说人物和情节入手，解析《解忧杂货店》中的救赎意识。并选取一个新的视角，从存在主义看《解忧杂货店》中的人文关怀。 **参考文献：** 1. 李珊珊 . 东野圭吾《解忧杂货店》的空间叙事研究 [J]. 普洱学院学报，2021（5）：80–82. 2. 尹志红 . 笔墨中“人”的写实与多面：东野奎吾小说的创作特点分析 [J]. 出版广角，2020（9）：94–96. 3. 潘馨 . 东野圭吾推理小说的叙事研究 [D]. 济南：山东大学，2019. 4. 查淑婷 . 论《解忧杂货店》的疗愈主题 [J]. 文化学刊，2019（3）：130–133. 5. 李润洁 . 东野圭吾在中国的接受与传播（2007—2017）[D]. 哈尔滨：黑龙江大学，2018. 6. 侯立兵 . 东野圭吾小说叙事的时间策略：基于《白夜行》与《解忧杂货店》的分析 [J]. 江汉大学学报（社会科学版），2017（4）：92–97. 7. 刘丹 . 东野圭吾小说《解忧杂货店》的叙事特色 [J]. 绵阳师范学院学报，2016. 8. 华祺蓉 . 论东野圭吾小说的救赎意识 [J]. 安徽文学（下半月），2015（7）：93–94. 9. 倪捷 . 东野圭吾的社会派推理小说的特征研究 [D]. 南京：南京师范大学，2014.

续表

论文题目	叙事学视角下对《解忧杂货店》救赎意识主题的探究
研究现状与资料收集情况	10. 彭静静 . 论萨特“存在主义是一种人道主义”思想［D］. 沈阳：辽宁大学，2012. 11. 何映宇 .“我不介意更温情一些”日本推理小说第一人东野圭吾专访［J］. 新民周刊，2012（34）：34–35. 12. 秦思思 . 东野圭吾推理小说特色解析［D］. 长沙：湖南大学，2012. 13. SARTRE J P. Existentialism is a humanism[M]. New Haven: Yale University Press, 2007. 14. 董小玉 . 自由观 · 异化观 · 价值观：萨特存在主义哲学观中人道主义探索［J］. 探索，2001（6）：67–70. 15. 东野圭吾 . 解忧杂货店［M］. 海口：南海出版公司，2014. 16. 耿占美 . 叙事美学：探索一种百科全书式的小说［M］. 郑州：郑州大学出版社，2002.
研究方法、可行性、创新点等	**研究方法：** 本文采用文本分析法作为主要研究方法。文本分析法是指从文本的表层深入文本的深层，从而发现那些不能被普通阅读者所把握的深层意义。方法有“新批评”法、文化研究法、互文法等。从而深入分析《解忧杂货店》中的故事情节，挖掘其中的深层含义。 **研究理论：** 本文采用叙事学理论，主要对《解忧杂货店》的叙事结构、叙事角度、叙事时空等方面进行分析。在叙事学理论下，探究小说情节安排的合理性以及相关联系。再结合萨特的存在主义视角看待小说中的人文关怀及救赎意识等。 **创新：** 在叙事学理论下探究情节和小说主题的关系，并运用多个叙事学理论分析小说主要人物形象，探究小说中的人文关怀和救赎意识是怎样产生的。并借助萨特存在主义来分析小说中的救赎意识。
论文提纲	1. 前言 1.1 研究目的 1.2 先行研究 1.3 研究方法 2.《解忧杂货店》叙事特色 2.1 多线叙事结构分析

续表

论文题目	叙事学视角下对《解忧杂货店》救赎意识主题的探究
论文提纲	2.2《解忧杂货店》叙事视角特色 2.3《解忧杂货店》叙事时间特色 2.4《解忧杂货店》空间叙事特色 3. 叙事学视角下《解忧杂货店》的救赎意识 3.1“月兔”——爱情的力量 3.2“小芹”——个人价值的肯定 3.3“浩介”——家庭的责任 3.4“晴美”——自赎与赎人的契合 3.5“敦也、翔太、幸平”——泥潭中的施救者 4. 结论

第 26 节　开题报告点评会：区域国别方向和翻译方向

【教学目标】

1. 培养学生的学术鉴别能力和点评能力。

2. 提升学生的表达和沟通能力。

3. 为学生提供一个实践机会，化身为评委，以评委的视角审视学生报告。

【教学内容】

选取开题报告案例（区域国别方向和翻译方向），学生化身为评委，点评开题报告。

【重点与难点】

1. 重点：引导学生以评委的视角审阅开题报告。

2. 难点：对本学期所学各项知识的总体实践。

【教学方法和策略】

1. 模拟评委：学生模拟评委，为开题报告评分。

2. 评估与指导：对学生的表现进行评估，并提供补充建议，帮助其提高学术鉴别能力。

【具体内容】

一、开题报告点评会：区域国别方向

选取区域国别方向开题报告案例，学生化身为评委，以评分表为标准，逐项点评开题报告并评分。

【例】《日本二次元文化对我国一线城市大学生的影响》。

论文题目	《日本二次元文化对我国一线城市大学生的影响》
选题说明（研究目的、意义）	自20世纪80年代以来，日本二次元文化传入我国并通过互联网迅速传播，逐渐渗透到社会生活中。如今，二次元文化已经在我国年轻人中广受追捧，尤其在审美情趣及价值观等方面对我国大学生产生了深刻的影响。从社会角度来看，大学生是一个非常特殊的群体，他们接受了高等教育，是代表社会新技术、新思想的前沿群体，更是国家培养的高级专业人才。但与此同时，大学生也对自我认同、人生意义和价值目标缺乏明确的认知。 我国一线城市时常举办各类国际动漫游戏展览会，在大学生中异常火爆，而大学生正处于价值观、人生观建立的关键时期，日本二次元文化很容易对他们产生深刻的影响。尽管许多日本动漫作品存在勇于挑战、追求梦想、重视友情与团队精神等正面思想，但也包含了许多暴力、颓废、空虚等不良内容，而这些负面思想会给大学生的身心成长带来冲击。正因如此，在二次元文化直抵主流文化的背景下，如何做好对大学生正确价值观、人生观的引导，值得我们去深入研究探索。
研究现状与资料收集情况	**研究现状：** 王潇潇在《二次元文化在我国的传播及影响：以日本动漫为例》一文中概括了二次元文化在我国的传播历程，在论述二次元文化在中国传播的基础上对二次元文化进行了研究与商讨，为本文的背景研究提供了参考；陆裔彦和王心成在《二次元文化入侵对大学生的影响》一文中分析了研究二次元文化入侵对于我国青少年价值观以及行为产生的正面或者负面的影响，有助于我们在多元文化交流中更好地防范和限制二次元文化入侵，为本文确定思路方向提供了帮助；王玉洁在《二次元文化对大学生思想政治教育的影响及对策研究》一文中，按照“发现问题”“提出问题”“解决问题”的逻辑思路，采用文献研究法、参与式观察法和案例分析法等方法，对“二次元文化给大学生思想政治教育带来的影响和应对策略”进行了初步建构，为本文提供了坚实的理论基础；此外，王天竹在《二次元文化在我国的跨文化影响》一文中运用了传播学、广告学、心理学、统计学、消费文化等理论知识，进行了大量的问卷调查、现象分析，并在此基础上研究了二次元文化应该如何发扬积极的方面，回避消极的因素，使二次元文化更加健康地发展，为本文理论与实践的结合搭建了一座桥梁。 综合来看，以二次元文化对我国青少年的影响为主题的论文不在少数，均有相关成果，且研究方向各有特点。系统地研究，能够为研究二次元文化对我国一线城市大学生的影响提供有益信息。

续表

论文题目	《日本二次元文化对我国一线城市大学生的影响》
研究现状与资料收集情况	**参考文献：** 一、中文著作 1. 孙越 . 从跨文化传播视角探讨打破次元壁［J］. 新闻传播，2017（9）：52–53. 2. 钱春霞 . 主流媒体与“王者荣耀”：二次元文化传播中的媒体责任和价值引领［J］. 中国记者，2017（10）：63–64. 3. 魏梦雪 . 打破现实与幻想的壁垒：浅析二次元粉丝文化［J］. 今传媒，2017，25（9）：35–37. 4. 马中红，杨长征 . 新媒介・新青年・新文化：中国青少年网络流行文化现象研究［M］. 北京：清华大学出版社，2016. 5. 马中红，陈霖 . 无法忽视的另一种力量：新媒介与青年亚文化研究［M］. 北京：清华大学出版社，2015. 6. 李庆真 . 生活在网络化时代的我们：网络化时代青年文化发展趋势研究［M］. 杭州：浙江大学出版社，2014. 7. 易前良 . 御宅：二次元世界的迷狂［M］. 苏州：苏州大学出版社，2012. 二、国外著作 8. 勒庞 . 乌合之众：大众心理研究［M］. 冯克利，译 . 北京：中央编译出版社，2015. 9. 大塚英志 .“御宅族”的精神史：1980 年代论［M］. 周以量，译 . 北京：北京大学出版社，2015. 10. 东浩纪 . 动物化的后现代：御宅族如何影响日本社会［M］. 诸炫初，译 . 台北：大鸿艺术股份有限公司，2012.
研究方法、可行性、创新点等	**研究方法：** 本文将采用线上问卷调查法进行调研，以我国一线城市大学生为主要研究对象，结合各类文献精准设计问题，通过在各类社交平台上发布调查问卷，分析二次元文化是否会影响以及将如何影响年轻人的行为和价值观等，并得出最终结论。 **创新点：** 目前以二次元文化对我国青少年的影响为目标的论文不在少数，但“青少年”一词定位过于模糊不清，并未聚焦于某一特定的群体。本文将针对我国一线城市大学生群体进行精准分析，首先，一线城市经济实力较为雄厚，这类城市中有资金和精力去了解二次元文化动漫的受众人数相对较多，并且部分一线城市时常有大型国际动漫游戏展览会吸引大批当地粉丝前往参加，受影响的粉丝数量也更多；此外，大学生群体也是一个较为特殊的群

续表

论文题目	《日本二次元文化对我国一线城市大学生的影响》
研究方法、可行性、创新点等	体，他们处在校园生活和踏足社会之间的地带，他们有强烈的自我意识但又尚未形成完整的价值观和人生观，更容易受到二次元文化的冲击与影响，并且大学生肩负新时代的使命和责任，在二次元文化直抵主流文化的背景下，研究如何做好大学生正确价值观、人生观的引导，对我国未来的发展至关重要。
论文提纲	1 前言 1.1 研究目的 1.2 研究方法及创新点 1.3 先行研究 2 二次元文化概述 2.1 二次元定义及二次元文化定义 2.2 二次元文化的精神内核与特征 2.3 二次元文化在我国的传播方式与影响 3 二次元文化在我国一线城市大学生群体中的传播与影响 3.1 我国一线城市大学生是二次元文化受众的重要群体 3.2 二次元文化对我国一线城市大学生的积极影响 3.3 二次元文化对我国一线城市大学生的消极影响 4 二次元文化所带来的问题与挑战 4.1 如何发扬二次元文化的积极影响以及如何回避其消极影响，使二次元文化更加健康地向前发展 4.2 如何做好大学生正确价值观、人生观的引导 5 结语

二、开题报告点评会：翻译方向

选取翻译方向开题报告案例，学生化身为评委，以评分表为标准，逐项点评开题报告并评分。

【例】《目的论视角下〈红楼梦〉伊藤译本称谓语的方法研究》。

论文题目	目的论视角下《红楼梦》伊藤译本称谓语的翻译方法研究
选题说明（研究目的、意义）	本论文拟基于功能主义目的论，以《红楼梦》伊藤译本称谓语作为研究对象，展开研究。主要有以下两方面的意义：理论意义方面，目的论是功能主义翻译学派的主要理论，但笔者通过查阅中国知网数据库发现，虽然不少翻译研究都从目的论出发，但

续表

论文题目	目的论视角下《红楼梦》伊藤译本称谓语的翻译方法研究
选题说明（研究目的、意义）	通过目的论视角对《红楼梦》的翻译方法进行研究的论文和著作却较少。因此，本论文将成为功能主义目的论指导下的《红楼梦》日译的研究实践。 实践意义方面，作为中国古典四大名著之一，《红楼梦》代表了中国古典小说的巅峰水平，从各个角度展现了中国古代社会百态，其中的称谓语也体现出书中各种人物的社会地位、年龄、性别、职业等信息，不仅展示出各种人物间复杂的人际关系，更从一定程度上反映了人物特征，具有极高的研究价值。通过查阅中国知网，笔者发现虽然关于《红楼梦》称谓语不同语言译本的研究已较为全面，但日译本的相关研究却较少。因此，本论文将通过对称谓语的翻译方法进行研究，使人们更加了解中日两国由于不同的历史文化及社会语言习惯所产生的差异，有利于中日跨文化交流。
研究现状与资料收集情况	**研究现状：** 关于《红楼梦》中文原著中的称谓语研究，张俊在《〈红楼梦〉中家庭称谓语的概念范畴考察》中，分析了家庭称谓语在称谓语语义演变中的历史作用；齐文艳、杨小平在《〈红楼梦〉中贾宝玉称谓语研究》中专门着眼于贾宝玉这一个角色的称谓语，对此进行了总结和研究；王家宏在《〈红楼梦〉称谓语研究》中，纵向比较了《红楼梦》与其他时代的文学作品，分析了《红楼梦》中全范围内称谓语与其他时代称谓语的异同点。 关于《红楼梦》英译本中的称谓语研究，王樱通过对比杨宪益和霍克斯两个译本中对家庭称谓语翻译的归化与异化，探究了两位译者由于不同目的倾向而采用的不同翻译策略；易安银、沈群英在《汉英亲属称谓语的认知与翻译》中，从文学作品中选取一些相对典型的例子，研究了译者在亲属称谓语翻译中选词时所遵从的语境顺应、语言结构顺应和动态等效翻译原则，其中很大一部分语料来自《红楼梦》。 关于《红楼梦》日译本中的称谓语研究，金菲在《从语境顺应论看日译本〈红楼梦〉中称谓语的翻译》中，具体阐释和实证了语境顺应论在翻译中的应用；陈倩在《从归化翻译的视点探讨〈红楼梦〉日译中称谓语的翻译》中以藤涛文子对归化翻译策略的分类为基础，从“归化”的视角对伊藤漱平《红楼梦》日译本（第三回）中称谓语的翻译进行了分析探讨；才洪侠、李筱平在《中日亲属称谓对比研究：以〈红楼梦〉为蓝本》中，通过对

续表

论文题目	目的论视角下《红楼梦》伊藤译本称谓语的翻译方法研究
研究现状与资料收集情况	比中日两国之间的亲属称谓体系，对中国亲属称谓的最佳日译方法进行了研究；陈益彤、张家悦在《〈红楼梦〉日译本中亲属称谓语翻译对比分析：以“林黛玉进贾府”章节为中心》中，分别从“母系亲属的称谓翻译”“父系亲属的称谓翻译”“合称称谓语翻译”三个方面入手，对比了伊藤漱平及井波陵一两个译本当中亲属称谓翻译语的优缺点与差异。 关于《红楼梦》其他语言译本中的称谓语研究，曹皓洁在《语境视角下〈红楼梦〉中称谓语的维译研究》中，从归化和异化两种翻译策略入手，对维吾尔语译本《红楼梦》中称谓语翻译时具体采用何种翻译方法进行了分析，证实了语境在称谓语的翻译选择中起到的制约作用；张艳娟选取《红楼梦》的俄罗斯译本为研究对象，从人物之间亲缘关系和身份地位等方面入手，分析并总结了其中称谓语翻译的误译问题。 **参考文献：** 一、中文文献 [1] 曹皓洁 . 语境视角下《红楼梦》中称谓语的维译研究 [D]. 乌鲁木齐：新疆师范大学，2021. [2] 易安银，沈群英 . 汉英亲属称谓语的认知与翻译 [J]. 科教文汇（中旬刊），2021（12）：187-189. [3] 金菲 . 从语境顺应论看日译本《红楼梦》中称谓语的翻译 [J]. 青年文学家，2020（30）：47-48. [4] 王珂 . 目的论视角下的汉语流行语的日译研究 [D]. 天津：天津外国语大学，2020. [5] 侯昭康 . 从目的论三原则看《水浒传》中“大官人”的日译 [D]. 北京：北京外国语大学，2019. [6] 曹有顺 . 从功能主义目的论三原则看文学作品的日译 [D]. 天津：天津外国语大学，2018. [7] 陈益彤，张家悦 .《红楼梦》日译本中亲属称谓语翻译对比分析：以“林黛玉进贾府”章节为中心 [J]. 才智，2017（17）：233-234，255. [8] 陈倩 . 从归化翻译的视点探讨《红楼梦》日译中称谓语的翻译 [D]. 长沙：湖南大学，2017. [9] 徐文婷 . 翻译目的论视角下的《红楼梦》维译策略研究 [D]. 喀什：喀什大学，2017. [10] 宋丹 .《红楼梦》日译本研究（1892—2015）[D]. 天津：南开大学，2015.

续表

论文题目	目的论视角下《红楼梦》伊藤译本称谓语的翻译方法研究
研究现状与资料收集情况	[11] 张艳娟 .《红楼梦》俄译本中称谓语误读浅析 [J]. 湘南学院学报，2014（3）：79–82. [12] 张俊 .《红楼梦》中家庭称谓语的概念范畴考察 [J]. 复旦外国语言文学论丛，2012（2）：81–86. [13] 齐文艳，杨小平 .《红楼梦》中贾宝玉称谓语研究 [J]. 青春岁月，2011（6）：46–47. [14] 曹雪芹 . 红楼梦 [M]. 北京：人民文学出版社，2008. [15] 王樱 .《红楼梦》称谓语翻译的归化和异化：杨译霍译之比较 [D]. 上海：上海外国语大学，2007. [16] 王家宏 .《红楼梦》称谓语研究 [D]. 重庆：西南大学，2006. [17] 才洪侠，李筱平 . 中日亲属称谓对比研究：以《红楼梦》为蓝本 [J]. 中北大学学报（社会科学版），2005，21（6）：58–63. [18] 孙炜 .《红楼梦》的亲属称谓（上）[J]. 红楼梦学刊，1990（4）：115–137. 二、日文文献 [19] 藤濤文子 . スコポス理論とテクストタイプ別翻訳理論——一般翻訳理論の基礎 [M]. 东京：晃洋書房，2019. [20] 伊藤漱平 . 大中华文库：红楼梦（汉日对照）[M]. 北京：人民文学出版社，2014.
研究方法、可行性、创新点等	研究方法方面，本论文采用文本分析法，选取《红楼梦》伊藤译本中的称谓语作为研究对象，从弗米尔的功能主义目的论的视角出发，对《红楼梦》伊藤译本称谓语的翻译方法进行分析研究。 可行性方面，完成本论文所需的分析资料及研究材料，在国内外官方网站均可找到，作为语料来源的《红楼梦》伊藤译本也已找到，因此具有可行性。 创新点方面，从研究理论上看，选取目的论视角对《红楼梦》的翻译方法进行研究的论文著作较少，本论文拟将目的论与翻译方法相结合展开研究；从研究对象上看，笔者没有选取《红楼梦》的回目与判词等研究已较为全面的领域，而是以《红楼梦》中的称谓语为对象，这方面《红楼梦》的日译研究还较少。因此，本论文具有一定的创新性。

续表

论文题目	目的论视角下《红楼梦》伊藤译本称谓语的翻译方法研究
论文提纲	1 前言 1.1 研究目的 1.2 先行研究 1.3 研究方法 2 相关概念及理论介绍 2.1 目的论理论简介 2.2 称谓语的定义 3 目的论视角下《红楼梦》伊藤译本称谓语的翻译方法 3.1 基于目的原则的翻译方法 3.1.1 加译的应用 3.1.2 适应的应用 3.1.3 直译的应用 3.2 基于连贯原则的翻译方法 3.2.1 意译的应用 3.2.2 省略的应用 3.2.3 解说的应用 3.3 基于忠实原则的翻译方法 3.3.1 音译的应用 3.3.2 逐字译的应用 3.3.3 移植的应用 3.3.4 借用的应用 4 结论

第 27 节　毕业论文点评会：语言方向和文学方向

【教学目标】

1. 培养学生的学术鉴别能力、点评能力。

2. 提升学生的表达能力和沟通能力。

3. 为学生提供一个实践机会，化身为评委，以评委的视角审视学生论文。

【教学内容】

选取毕业论文案例（语言方向和文学方向），学生化身为评委，点评论文。

【重点与难点】

1. 重点：引导学生以评委的视角审阅毕业论文。

2. 难点：对本学期所学各项知识的总体实践。

【教学方法和策略】

1. 模拟评委：学生模拟评委，为毕业论文评分。

2. 评估与指导：对学生的表现进行评估，并提供补充建议，帮助其提高学术鉴别能力。

【具体内容】

从本节课开始，由学生做评委，点评往届的毕业论文。我们制定了细粒度的评分标准，供大家参考（见附录 4）。

从具体分工来说，可以每人负责点评一篇论文，也可以每人负责一个打分项，一篇论文由九个评委一起审阅。

一、毕业论文点评会：语言方向

选取语言方向毕业论文案例，学生化身为评委，以附录 4 的评分表为标准，逐项点评论文并评分。

【例】略。

二、毕业论文点评会：文学方向

选取文学方向毕业论文案例，学生化身为评委，以附录 4 的评分表为标准，逐项点评论文并评分。

【例】略。

第 28 节　毕业论文点评会：区域国别方向和翻译方向

【教学目标】

1. 培养学生的学术鉴别能力和点评能力。

2. 提升学生的表达能力和沟通能力。

3. 为学生提供一个实践机会，化身为评委，以评委的视角审视学生论文。

【教学内容】

选取毕业论文案例（区域国别方向和翻译方向），学生化身为评委，点评论文。

【重点与难点】

1. 重点：引导学生以评委的视角审阅毕业论文。

2. 难点：对本学期所学各项知识的总体实践。

【教学方法和策略】

1. 模拟评委：学生模拟评委，为毕业论文评分。

2. 评估与指导：对学生的表现进行评估，并提供补充建议，帮助其提高学术鉴别能力。

【具体内容】

一、毕业论文点评会：区域国别方向

选取区域国别方向毕业论文案例，学生化身评委，以附录 4 的评分表为标准，逐项点评论文并评分。

【例】略。

二、毕业论文点评会：翻译方向

选取翻译方向毕业论文案例，学生化身评委，以附录 4 的评分表为标准，逐项点评论文并评分。

【例】略。

第 29 节　模拟开题报告会：语言方向

【教学目标】

1. 培养学生的报告和答辩能力，使学生能够清晰地陈述研究问题、研究方法和预期成果。

2. 提升学生的论述和逻辑思维能力，提高其表达和沟通能力。

3. 为学生提供实践机会，模拟真实的学术答辩环境，增强学生应对压力的能力。

【教学内容】

模拟开题报告会（语言方向）。

【重点与难点】

1. 重点：培养学生的报告和答辩技能，使其能够清晰陈述研究问题和研究方法。

2. 难点：学生对研究问题和研究方法的深入理解以及在有限的时间内准确、完整、有条理、详略得当地完成陈述。

【教学方法和策略】

1. 模拟答辩演练：组织开题报告模拟会，模拟真实的学术答辩环境，学生以自己的开题报告为范例，教师和其他学生作为评委，进行答辩演练。

2. 评估与指导：对学生的表现进行评估，并提供指导性建议，帮助其改进报告和答辩技巧。

【具体内容】

从本节课开始，以情境模拟法为主要方法，模拟真实的开题报告会，进行开题报告演练。由 1 名学生陈述开题报告，3 名学生模拟评委提问，教师负责补充和点评。

每节课大约可以进行 2 ～ 3 位同学的模拟开题报告会。

一、学生陈述

学生按照开题报告的形式进行陈述，限 5 分钟，需要准备 PPT。

个人陈述限 5 分钟，但有的学生会滔滔不绝，3 分钟还没有介绍完研究目的。注意：要把 5 分钟合理分配给研究目的、理论方法、研究内容、研究结论。不能合理地进行时间分配，是一个失败的答辩陈述。

二、评委提问和学生答辩

评委提问，学生答辩。

学生评委第一次登场，可以选择班里活跃度比较高的学生。在他们的带动下，很多学生都会跃跃欲试，争做评委。只有在批评和碰撞中，学术才会不断进步。既要鼓励学生一针见血，直戳痛处，又要引导学生注意语言用词，体贴他人。

第 30 节　模拟开题报告会：文学方向

【教学目标】

1. 培养学生的报告和答辩能力，使学生能够清晰地陈述研究问题、研究方法和预期成果。

2. 提升学生的论述和逻辑思维能力，提高其表达和沟通能力。

3. 为学生提供实践机会，模拟真实的学术答辩环境，增强学生应对压力的能力。

【教学内容】

模拟开题报告会（文学方向）。

【重点与难点】

1. 重点：培养学生的报告和答辩技能，使其能够清晰地陈述研究问题和研究方法。

2. 难点：学生对研究问题和研究方法的深入理解以及在有限的时间内准确、完整、有条理、详略得当地完成陈述。

【教学方法和策略】

1. 模拟答辩演练：组织开题报告模拟会，模拟真实的学术答辩环境，学生以自己的开题报告为范例，教师和其他学生作为评委，进行答辩演练。

2. 评估与指导：对学生的表现进行评估，并提供指导性建议，帮助其改进报告和答辩技巧。

【具体内容】

一、学生陈述

学生按照开题报告的形式进行陈述，限 5 分钟，需要准备 PPT。

二、评委提问和学生答辩

评委提问，学生答辩。

第 31 节 模拟开题报告会：区域国别方向

【教学目标】

1. 培养学生的报告和答辩能力，使学生能够清晰地陈述研究问题、研究方法和预期成果。

2. 提升学生的论述和逻辑思维能力，提高其表达和沟通能力。

3. 为学生提供实践机会，模拟真实的学术答辩环境，增强学生应对压力的能力。

【教学内容】

模拟开题报告会（区域国别方向）。

【重点与难点】

1. 重点：培养学生的报告和答辩技能，使其能够清晰地陈述研究问题和研究方法。

2. 难点：学生对研究问题和研究方法的深入理解以及在有限的时间内准确、完整、有条理、详略得当地完成陈述。

【教学方法和策略】

1. 模拟答辩演练：组织开题报告模拟会，模拟真实的学术答辩环境，学生以自己的开题报告为范例，教师和其他学生作为评委，进行答辩演练。

2. 评估与指导：对学生的表现进行评估，并提供指导性建议，帮助其改进报告和答辩技巧。

【具体内容】

一、学生陈述

学生按照开题报告的形式进行陈述，限 5 分钟，需要准备 PPT。

二、评委提问和学生答辩

评委提问，学生答辩。

第 32 节　模拟开题报告会：翻译方向

【教学目标】

1. 培养学生的报告和答辩能力，使学生能够清晰地陈述研究问题、研究方法和预期成果。

2. 提升学生的论述和逻辑思维能力，提高其表达和沟通能力。

3. 为学生提供实践机会，模拟真实的学术答辩环境，增强学生应对压力的能力。

【教学内容】

模拟开题报告会（翻译方向）。

【重点与难点】

1. 重点：培养学生的报告和答辩技能，使其能够清晰地陈述研究问题和研究方法。

2. 难点：学生对研究问题和研究方法的深入理解以及在有限时间内准确、完整、有条理、详略得当地完成陈述。

【教学方法和策略】

1. 模拟答辩演练：组织开题报告模拟会，模拟真实的学术答辩环境，学生以自己的开题报告为范例，教师和其他学生作为评委，进行答辩演练。

2. 评估与指导：对学生的表现进行评估，并提供指导性建议，帮助其改进报告和答辩技巧。

【具体内容】

一、学生陈述

学生按照开题报告的形式进行陈述，限 5 分钟，需要准备 PPT。

二、评委提问和学生答辩

评委提问，学生答辩。

参考文献

[1] 王志松 . 新经典日本语毕业论文写作案例教程 [M]. 北京：外语教学与研究出版社，2020.

[2] 王健宜 . 日语学术写作与研究方法 [M]. 上海：华东理工大学出版社，2019.

[3] 巴比 . 社会研究方法 [M]. 第十一版 . 邱泽奇，译 . 北京：华夏出版社，2018.

[4] 松下和幸，松下佐智子 . 日语专业毕业论文写作指导 [M]. 上海：上海外语教育出版社，2017.

[5] 聂中华 . 新编日语本科论文写作指导 [M]. 北京：北京大学出版社，2013.

[6] 李志，潘丽霞 . 社会科学研究方法导论 [M]. 重庆：重庆大学出版社，2012.

[7] 小野寺健，王健宜，邱鸣，等 . 日语专业毕业论文写作指导 [M]. 北京：外语教学与研究出版社，2012.

[8] 武德庆 . 日语专业毕业论文写作指南 [M]. 武汉：武汉大学出版社，2010.

附 录

附录 1 日语系本科生毕业论文开题报告

日语系本科生毕业论文开题报告

学生姓名		专业及班级		指导教师	
论文题目					
研究目的					
研究现状与资料收集情况	研究现状（文献综述）： 参考文献：				
研究方法、可行性、创新点等					
论文提纲					
指导教师对开题报告的意见	指导教师：				
修改意见					
审核意见	对该学生的开题报告： 通过 修改后通过 不通过 审阅教师：				

附录 2　学术论文常用日语句式和词汇

学术论文属于正式文体，在日文表达中多用“汉语词”，少用“和语词”。不用“ます”体，要用“である”体。以下为学术论文中常用的日文句式和词汇。①

一、句式

围绕着课题的推进，有如下常用句式。

1. 确立研究对象

✧ ……というテーマを設定する
✧ ……を研究の対象とする
✧ ……という問題を取り上げる
✧ ……という点に着目する
✧ ……という問題に焦点を定める
✧ ……という問題に焦点を当てる
✧ ……に論点を絞る
✧ ……を研究対象に含める
✧ ……を議論の対象から除外する
✧ ……を議論の対象から除く
✧ 考察の対象を……に限定する
✧ 考察の対象を……に限る
✧ ……の解明を（研究の）目的とする
✧ ……という問題の解決を目指す

① “常用日语句式和词汇”部分引自：小野寺健，王健宜，邱鸣，等．日语专业毕业论文写作指导［M］. 北京：外语教学与研究出版社，2012：153–159.

2. 对概念进行定义

✧ Aを……と定義する
✧ ……をAと呼ぶ
✧ ……をAと称する
✧ ……をA,B,Cに分類する
✧ ……をAとBに大別する

3. 选择研究方法

✧ ……について／を調査する
✧ ……について／の調査を行う
✧ ……について／の調査を実施する
✧ ……を検証するため実験する
✧ ……を検証するための実験を行う
✧ ……経過を観察する
✧ ……温度を測定する
✧ ……研究方法を採用する

4. 确定研究工具

✧ ……試料／機器／資料を用いる
✧ ……試料／機器／資料を使用する

5. 制作数据

✧ ……資料／データを収集する
✧ ……植物／虫／岩石を採集する
✧ ……から……を抽出する
✧ ……データを集計する

6. 计算

✧ 平均値を算出する
✧ コストを試算する
✧ 解を求める

7. 考察

✧ ……を / について検討する
✧ ……について検討を加える
✧ ……について / の検討を試みる
✧ ……を / について考察する
✧ ……について考察を加える
✧ ……を / について探究する
✧ ……データ / 調査結果を分析する
✧ ……について / の分析を行う
✧ ……について / の分析を試みる
✧ ……データ / 実験結果を解析する

8. 假定

✧ ……という仮説を立てる
✧ ……と仮定する
✧ ……ことを前提とする

9. 解释

✧ ……を……と見なす
✧ ……を……と解釈する
✧ ……について解釈を加える
✧ ……について / の解釈を試みる

10. 比较

- ✧ AとBの大きさを比べる
- ✧ AとBの大きさを比較する
- ✧ AとBを対比する
- ✧ AとBを対照する

11. 阐明

- ✧ 変化のプロセスを明らかにする
- ✧ 相違点を解明する
- ✧ 原因を究明する

12. 证明

- ✧ 仮説の妥当性を証明する
- ✧ データにより実証する
- ✧ 実例を挙げて裏付ける
- ✧ 実験により検証する
- ✧ 資料に基づき論証する

13. 引用

- ✧ 原文を引用する
- ✧ ……の説を引用する

14. 评价

- ✧ ……の見解に注目する
- ✧ ……（の論）に同意する
- ✧ ……の説を支持する
- ✧ ……に反論する
- ✧ ……（の見解）を批判する

15. 提议

✧ ……と主張する
✧ ……ことを／……と提案する
✧ ……という提案を行う
✧ ……という提案を試みる

16. 参考

✧ ……の論文を参照する
✧ ……の分析方法を参考する

17. 论述

✧ ……について論じる
✧ ……と述べる
✧ ……について論述する

18. 报告

✧ ……について／……と報告する

19. 说明

✧ 先行研究を紹介する
✧ ……について説明する
✧ ……について解説する
✧ ……について詳述する
✧ 研究の現況を概観する
✧ 研究史を概説する
✧ 研究の経過を略述する
✧ 論文の内容を要約する

20. 提及

✧ ……に言及する
✧ ……に論及する
✧ ……に触れる

21. 指摘

✧ ……という事実／ことを指摘する

22. 揭示

✧ 結果を図に示す
✧ 例を示す
✧ 例を挙げる
✧ 原因を挙げる
✧ 英語名を記載する
✧ 一覧を付録として掲載する

23. 总括

✧ 論点を整理する
✧ 分析結果をまとめる
✧ ……と結論づける

24. 得出结果

✧ ……（こと）が示唆される
✧ ……（こと）が窺える
✧ ……（こと）が認められる
✧ ……（こと）が読み取れる

25. 判断

✧ ……と言える
✧ ……と考える
✧ ……と／ことが考えられる
✧ ……と思われる
✧ ……と見られる
✧ ……と判断できる／される
✧ ……と推定できる／される
✧ ……と推察できる／される
✧ ……と推論できる／される
✧ ……と推測できる／される

二、名词

✧ “本”代替“この”：本研究、本論文、本稿、本報告、本章、本節。
✧ “筆者”代替“私”：筆者は前報で……について報告した。
✧ “……ら”代替“……たち”：田中らはその原因を明らかにした。

三、动词

✧ “行う”代替“する”：図1の装置により実験を行った。
✧ “用いる”代替“使う”：最近の10年間のデータを用いる。
✧ “示す”代替“見せる”：表1に調査結果を示す。新たな抽出法の有効性が示された。
✧ “異なる”代替“違う”：男女の意識は大きく異なって

いる。

✧ "見出す" 代替 "見つける"：そのような例は見出せない。

✧ "述べる" 代替 "言う、書く"：分析結果は以下に述べるとおりである。

✧ "考えられる" 代替 "思う"：若者の意識が変化したと考えられる。

四、形容词

✧ "多くの" 代替 "たくさんの"：多くの問題が生じている。

✧ "様々な" 代替 "いろいろな"：これについては様々な見方がある。

✧ "わずかな" 代替 "少しの"：わずかな誤差が見られた。

五、连体词

✧ "あらゆる" 代替 "全部の"：あらゆる生物の共通点は何だろうか。

✧ "いわゆる" 代替 "よく言われる"：これがいわゆるフェーン現象である。

六、指示词

✧ "こうした、こういった" 代替 "こんな、こういう"：こうしたケースが数多く見られる。

✧ "前述の、先述の、先に述べた" 代替 "前に書いた"：先に述べたように、この点についての先の研究の見解は一致していない。

✧ "上述の、上に述べた" 代替 "すぐ前に書いた"：上述のように、睡眠には2種類ある。

✧ "後述の、後に述べる" 代替 "後で書く"：この点については後に詳しく述べるとおりである。

✧ "前掲" 代替 "前に挙げた"：前掲書＊2、前掲論文＊2。

✧ "前者" 代替 "二つのもののうち前のもの"：行動パターンにはタイプAとタイプBがある。後者に比べて、前者は心臓病につながりやすい。

✧ "後者" 代替 "二つのもののうち後のもの"：行動パターンにはタイプAとタイプBがある。後者に比べて、前者は心臓病につながりやすい。

七、疑问词

✧ "いかなる" 代替 "どんな"：いかなる方策が考えられるだろうか。

✧ "いかに" 代替 "どう、どのぐらい"：この問題がいかに深刻かがわかる。

✧ "いずれも" 代替 "どちらも、どれも"：A群とB群はいずれも20名からなる。

八、副词

✧ "すべて" 代替 "全部"：調査の回答はすべて選択式とした。

✧ "ともに" 代替 "両方とも"：男女ともに肯定的意見が多かった。

✧ "ほぼ" 代替 "だいたい"：ほぼ全員が「はい」と回答した。

✧ "まったく" 代替 "全然"：測定値にはまったく変化がなかった。

✧ “極めて”代替“とても”：その可能性は極めて低い。

✧ “著しく”代替“とても、目立って”：出生率は著しく低下した。

✧ “やや”代替“少し”：鉄鋼の生産量はやや減少している。

✧ “最も”代替“一番”：……はアジア諸国の中で最もGDPが低い。

✧ “はるかに”代替“ずっと”：伸び率は前年度よりはるかに高い。

✧ “徐々に”代替“だんだんに”：温度は徐々に低下した。

✧ “次第に”代替“だんだんに”：離婚率は次第に上昇している。

✧ “常に”代替“いつも”：常に改善に努める必要がある。

✧ “既に”代替“もう”：この点は山田が既に指摘している。

✧ “いまだに”代替“まだ”：その原因はいまだに解明されていない。

✧ “依然として”代替“まだ、相変わらず”：景気の低迷は依然として続いている。

✧ “おそらく”代替“たぶん”：その傾向はおそらく今後も続くであろう。

✧ “いわば”代替“言うならば”：これはいわば地球規模の課題である。

九、接续词

✧ “および”代替“と”：教員および学生を対象に調査を行った。

✧ “すなわち”代替“言い換えれば”：その原因は三つあ

る。すなわち、・・・、・・・、・・・である。

✧ "その結果" 代替 "そうしたら"：実験を行った。その結果、・・・が判明した。

✧ "したがって" 代替 "だから"：被験者の血圧が有意に低下した。したがって、服薬効果があると考えられた。

✧ "また" 代替 "それから"：杉材は加工しやすい。また、安価である。

十、其他

✧ "……など" 代替 "……とか……とか"：感覚には視覚、聴覚、味覚などがある。このロボットは歩く、手を振る、物を運ぶなどの動作ができる。

✧ "……にすぎない" 代替 "……（で）しかない"：これらの例は多くの中の一部にすぎない。

✧ "……可能性がある" 代替 "……かもしれない"：火山活動が活発化する可能性がある。

附录 3　本科毕业论文开题报告评分标准

本科毕业论文开题报告评分标准

序号	打分项目	分值	评分标准
1	题目（不超过 25 字）	10	五要素：研究领域、研究对象、理论视角、研究方法、研究结论 ✧ 出现 3 个得 10 分 ✧ 出现 2 个得 6 分 ✧ 只出现 1 个得 2 分 （评委亦可根据情况酌情赋分）
2	研究目的	10	学术意义（6 分） 实践意义（4 分）
3	文献综述	20	✧ 学术史简述。对文献具体内容、结论进行简介，不用空词、大词，要写出具体信息（5 分） ✧ 文献分类。按一定逻辑标准（兼顾后文的创新点）对文献进行分类整理（5 分） ✧ 文献批评。对文献进行评价，并导出后文自己要研究的内容，呈现出因果关系，展现出论文的创新点（5 分） ✧ 文献要有具体出处，格式规范（2 分） ✧ 所列文献是精品文献，具有代表性、典型性，没有遗漏权威文献（2 分） ✧ 文献综述中出现的文献与后文参考文献中的文献要呼应（1 分）
4	参考文献	10	✧ 兼顾中文和外文（2 分） ✧ 兼顾专著和论文（2 分） ✧ 兼顾理论与案例（2 分） ✧ 兼顾权威和前沿（2 分） ✧ 符合专著和论文的格式规范，按照中文、日文、西文排序，同时三部分内部按照出版日期排序（1 分） ✧ 10 本（篇）以上（1 分）
5	研究方法	10	✧ 援引了合适的理论、概念、方法（可适当改造，如果改造，要说明改造原因）（5 分） ✧ 对如何应用上述理论、概念、方法做出一定的解释（5 分）

续表

序号	打分项目	分值	评分标准
6	可行性	10	✧ 论文外部：前期基础、外部条件（5 分） ✧ 论文内部：可突破的难题（5 分）
7	创新点	10	五大创新：新问题、新理论、新方法、新材料、新结论，写出其中 1 ～ 2 项 ✧ 写出创新项（5 分） ✧ 展开具体描述是如何创新的（5 分）
8	研究提纲	10	✧ 标题序号系统不要混用（2 分） ✧ 前言三部分的内容为“研究目的 + 文献综述 + 研究方法”，顺序是固定的，不要变换顺序（2 分） ✧ 标题之间要呈现出逻辑关系（2 分） ✧ 出现二级标题或三级标题，以出现三级标题为佳（出现二级标题得 2 分，出现三级标题得 4 分）
9	格式美观	10	✧ 根据内容量调整表格，格式美观（3 分） ✧ 中文全部为宋体，日文全部为明朝字体（3 分） ✧ 注意段前空格、行间距、段间距、字体字号等文字格式（3 分） ✧ 句子通顺，没有错别字（1 分）

附录 4　本科毕业论文评分标准

本科毕业论文评分标准

序号	打分项目	分值	评分标准
1	题目（不超过 25 字）	10 分	五要素：研究领域、研究对象、理论视角、研究方法、研究结论 ✧ 出现 3 个得 10 分 ✧ 出现 2 个得 6 分 ✧ 只出现 1 个得 2 分 （评委亦可根据情况酌情赋分）
2	摘要（300 ～ 500 字）	10 分	四要素：目的、方法、结果、结论 ✧ 每出现 1 个得 2 分 ✧ 四要素字数详略得当得 2 分
3	关键词（3 ～ 5 个）	10 分	✧ 每出现 1 个合适的关键词得 2 分 ✧ 如果只有 3 个或 4 个关键词，但关键词均得当，也得 10 分
4	研究目的	10 分	✧ 学术意义（6 分） ✧ 实践意义（4 分）
5	文献综述	20 分	✧ 学术史简述。对文献具体内容、结论进行简介，不用空词、大词，要写出具体信息（5 分） ✧ 文献分类。按一定逻辑标准（兼顾后文的创新点）对文献进行分类整理（5 分） ✧ 文献批评。对文献进行评价，并导出后文自己要研究的内容，呈现出因果关系，展现出论文的创新点（5 分） ✧ 文献要有具体出处，格式规范（2 分） ✧ 所列文献是精品文献，具有代表性、典型性，不可没有遗漏权威文献（2 分） ✧ 文献综述中出现的文献与后文参考文献中的文献要呼应（1 分）
6	研究方法	10 分	✧ 援引了合适的理论、概念、方法（可适当改造，如果改造，要说明改造原因）（5 分） ✧ 对如何应用上述理论、概念、方法做出一定的解释（5 分）

续表

序号	打分项目	分值	评分标准
7	研究提纲	10分	✧ 标题序号系统不要混用（2分） ✧ 前言三部分的内容为“研究目的＋文献综述＋研究方法”，顺序是固定的，不要变换顺序（2分） ✧ 标题之间要呈现出逻辑关系（2分） ✧ 出现二级标题或三级标题，以出现三级标题为佳（出现二级标题得2分，出现三级标题得4分）
8	参考文献	10分	✧ 兼顾中文和外文（2分） ✧ 兼顾专著和论文（2分） ✧ 兼顾理论与案例（2分） ✧ 兼顾权威和前沿（2分） ✧ 符合专著和论文的格式规范，按照中文、日文、西文排序，同时三部分内部按照出版日期排序（1分） ✧ 10本（篇）以上（1分）
9	格式美观	10分	✧ 根据内容调整表格，格式美观（3分） ✧ 中文全部为宋体，日文全部为明朝字体（3分） ✧ 注意段前空格、行间距、段间距、字体字号等文字格式（3分） ✧ 句子通顺，没有错别字（1分）